Eckhard Lange

LÜBECKS FRIEDHÖFE

Geschichte, Grabmäler, Grünanlagen

Dieses Buch verdankt sein Erscheinen einem großzügigen
Druckkostenzuschuß der Possehl-Stiftung

POSSEHL
Stiftung

Zu danken ist auch allen, die freundlicherweise für dieses Buch ihre Pläne zur Verfügung gestellt haben: Friedhofverwaltung der Hansestadt Lübeck, Friedhofsgärtner Lübeck eG, sowie die ev.-luth. Kirchengemeinden St. Andreas-Schlutup, St. Georg-Genin und St. Lorenz-Travemünde

Bibliographische Information der Deutschen Nationalbibliothek
Die Deutsche Nationalbibliothek verzeichnet diese Publikation in der Deutschen Nationalbibliothek; detaillierte Daten sind im Internet über http://dnb.d-nb.de abrufbar.

Impressum

Eckhard Lange – Fliederstr. 4 – 23558 Lübeck
Mail: Eckh.Lange@web.de

Printed in Germany
Gesamtherstellung: Max Schmidt-Römhild GmbH & Co. KG, Lübeck
Gestaltung: Grafikstudio Schmidt-Römhild, Marc Schulz
ISBN 978-3-7950-5270-6

INHALTSVERZEICHNIS

Impressum **2**
Inhaltsverzeichnis **3**
Lageübersicht der Lübecker Friedhöfe **4**

1. ***Vom Umgang mit dem Sterben – ein historischer Rückblick*** **7**
2. ***Lübecks mittelalterliche Kirchen als Begräbnisorte*** **12**
3. ***Kein Platz mehr für die Ärmsten und die Kranken*** **24**
a. St. Annenkirchhof (abgängig) 24
b. St. Jürgen-Friedhof 26
c. Gertrudenkirchhof (abgängig) 30
d. St. Lorenz-Friedhof 31
e. Siechenhaus-Friedhof Klein Grönau (abgängig) 38
4. ***Vom Kirchhof zum Friedhof – der Burgtorfriedhof*** **40**
5. ***Vom Friedhof zum Park – der Vorwerker Friedhof*** **59**
6. ***Die jüdischen Friedhöfe*** **90**
a. Moisling 90
b. Morier Straße (Stockelsdorf) 96
c. Schönböckener Straße (abgängig) 98
d. Vorwerk 100
7. ***Nicht nur für Helden – der Ehrenfriedhof*** **102**
8. ***Zwischen Wald und Seen – der Friedhof Waldhusen*** **117**
9. ***Lübecks ehemalige Landgemeinden und ihre Friedhöfe*** **130**
a. Genin 132
b. Schlutup 138
c. Travemünde 146

Anhänge **157**
Bedeutende Persönlichkeiten, die Lübecks Friedhöfe mitgestaltet haben 157
Vom gleichen Verfasser: Drei Bücher über Lübeck 160

Lageübersicht der Lübecker Friedhöfe

1. *Vorwerker Friedhof* 59
2. *St. Lorenz-Friedhof Lübeck* 31
3. *Burgtorfriedhof* 40
4. *Ehrenfriedhof* 102
5. *St. Jürgen-Friedhof* 26
6. *Friedhof Genin* 132
7. *alter jüdischer Friedhof* 90

8. **Friedhof Schlutup** 138
9. **Friedhof Waldhusen** 117
10. **St.-Lorenz-Friedhof Travemünde** 146

1. Vom Umgang mit dem Sterben – ein historischer Rückblick

Am Anfang stand jene Ahnung, die den Menschen im Laufe seiner Entwicklung vielleicht als erste von allen tierischen Vorfahren unterschied: die Ahnung, dass das Sterben nicht einfach sein Ende bedeutete, dass der Mensch nicht einfach zusammen mit seinem Körper aufhörte zu sein. Wir können es noch heute daran erkennen, dass er seine Toten nicht mehr liegenließ, sondern in irgendeiner Form bestattete. Und dass er ihnen später dann auch Dinge ins Grab legte, die sie auch nach dem Tod noch benötigen könnten. Ja, auch Tiere vermissen einen vertrauten Artgenossen, auch Tiere können um sie trauern, aber deren Ende nehmen sie hin, weil ihnen der Intellekt fehlt, das Sterben zu reflektieren.

Am Anfang stand also diese Ahnung, und sie erweckte im Menschen beides zugleich: Ehrfurcht und Furcht. Wenn der Verstorbene auf irgendeine Weise noch weiterexistierte, dann konnte und mußte man ihn auch weiterhin ehren, ihm einen Platz auch unter den Lebenden einräumen, ihn irgendwie teilhaben lassen am Schicksal seiner Nachkommen. Aber ebenso konnte er auch zu einer Gefahr werden, wenn ihm diese Achtung nicht zuteilwurde, weil er sich rächen konnte dafür, vergessen zu werden.

Am Anfang allen religiösen Denkens stand darum wohl nicht die Verehrung irgendwelcher transzendenter Gottheiten, sondern der Ahnenkult. Als der Mensch sesshaft wurde, gab er dann dem Leichnam oder doch wichtigen Teilen davon einen Platz innerhalb seiner Behausung, um ihn möglichst nahe zu wissen, um auch dessen geheimnisvolle Kräfte für sich nutzbar zu machen. So fanden sich übermodellierte Schädel Verstorbener etwa unter den Schlafstätten der Lebenden, wohl, um sich der Nähe der Toten zu vergewissern und daraus Kräfte für das eigene Leben zu schöpfen. Ob dann in den ersten Kulturen des Neolithikums die Toten der Erde oder dem Feuer übergeben wurden, immer blieb ja etwas

Langbett (Mankmooser Steintanz, Nordwestmecklenburg)

Römisches Grabmal (Rheinisches Landesmuseum Trier)

Immaterielles von ihnen, mag man es nun seine Seele nennen oder ihm eine andere Bezeichnung geben.

Mit dem Übergang zu bleibenden Siedlungen schufen diese bäuerlichen Kulturen dann die gemeinsame Grablage für ihre Toten, in Langbetten, unter Hügeln oder als Gräberfeld, ob nun für deren Leichnam oder für die Urnen mit ihrer Asche. Und die Antike kannte nicht nur die Bestattung, sondern stellte den Toten auch Gedenksteine dazu, die etwa bei den Römern den Straßen vor den Stadttoren folgten. Später gab es diese Gedenksteine auch dann, wenn der Tote nicht unter ihnen ruhte, als Mahn- und Erinnerungsmal. Es war die Furcht vor dem Vergessenwerden, die die Menschen umtrieb.

Auch heute pflegen wir zu sagen: In unseren Herzen lebt der Verstorbene weiter, er bleibt unvergessen. Denn erst wenn ein Mensch vergessen ist, ist er wirklich tot. Es ist wie ein letzter Nachhall jenes uralten Ahnenkults, während doch die Hochreligionen ganz andere Vorstellungen davon haben, was nach dem Sterben sein wird: Ob es nun der Eingang in ein wie auch immer beschriebenes Paradies sein wird oder eine Auferstehung am Ende der Tage, ob der Gedanke an eine Seelenwanderung oder an eine Wiedergeburt vertreten wird oder doch eher ein Einswerden mit einem Gott, der dieses Leben einst geschaffen hat. Alle diese Vorstellungen prägen die heutige Menschheit und damit auch die Art, wie sie ihre Friedhöfe gestaltet. Selbst die Überzeugung, das menschliche Sein ende in seiner Ganzheit mit dem Tode, spricht doch von einem Einswerden des Verstorbenen mit der Natur und damit von einer Art verwandelter Existenz als unverlierbarem Teil des Kosmos, nur eben ohne Annahme eines Jenseits.

Der an Darwins Erkenntnissen geschulte Biologe würde dagegen sagen: Alle Lebewesen sind sterblich und damit zur Fortpflanzung programmiert, ihre Aufgabe besteht darin, ihre Gene weiterzugeben. Insofern „leben" sie weiter in ihren Nachkommen. Und vielleicht nicht in dieser Deutlichkeit, denken doch viele Zeitgenossen ähnlich, wenn sie sich Kinder und Enkel wünschen oder bestimmte Eigenschaften der Eltern in den Kindern wiederentdecken. Doch das sagt nichts darüber aus, wie sie sich das eigene Schicksal im Tode vorstellen.

Fresko „Auferstehung" (Kirche Berkenthin)

Unsere europäische Friedhofskultur ist dagegen jahrhundertelang tief geprägt von den Glaubensaussagen der christlichen Kirchen. Unbestritten galt im Mittelalter die Vorstellung von einer leiblichen Auferstehung. Deshalb war eine Feuerbestattung

Beinhaus Oppenheim

undenkbar, denn die Gebeine harrten ja im Grabe darauf, einmal auferweckt und neu überkleidet zu werden. Wie Paulus es einmal ausdrückt: „Dieses Verwesliche muss sich mit Unverweslichkeit bekleiden und dieses Sterbliche mit Unsterblichkeit“ (1. Kor. 15,53). Das erklärt die Existenz der sogenannten Beinhäuser, die bei einer Wiederbelegung einer Grabstätte doch die Knochen der Verstorbenen bewahrten. Dass dies nicht die einzige Vorstellung in der christlichen Welt war, und dass Theologen unserer Zeit die biblischen Aussagen in vielem anders deuten, sei wenigstens vermerkt.

In jener strikten, körperbezogenen Auffassung stimmen christliche und spätjüdische Vorstellungen überein. So wird auch die jüdische Vorschrift begreiflich, dass eine Grabstätte niemals anders oder auch nur von anderen genutzt werden darf, denn der Friedhof ist für den gläubigen Juden ein „Haus der Ewigkeit,“ das er bewohnt, bis mit dem Erscheinen des Messias ein neue Welt auch für ihn heraufzieht.

Das römische Imperium hatte per Gesetz die Bestattung von Toten innerhalb der Stadtmauern untersagt, und auch das christlich gewordene römische Reich hielt an dieser Regelung fest. So etwa die Kaiser Gratian und Theodosius, die 381 diese Regel bestätigten. Und sie schlossen zugleich Beerdigungen in Kirchen ausdrücklich aus. Ausnahme waren die Gräber der Märtyrer, über denen oft Kirchen errichtet wurden und deren Reliquien nun auch allen anderen Kirchen erst ihre Weihe gaben. Immer aber gab es den dringenden Wunsch, selbst in der heilsbringenden Nähe solcher Heiligen zu ruhen. So sagte es etwa um 420 Maximus von Turin in

Schrein der Hl. Elisabeth (Marburg, Elisabeth-Kirche)

einer Predigt: „Wenn wir also bei den heiligen Märtyrern ruhen, entgehen wir der Finsternis der Hölle, wenn nicht durch eigene Verdienste, so doch durch die Heiligkeit der Gemeinschaft."

Dennoch: die offizielle Kirche hielt lange an jenem Verbot fest; die Synode von Braga erlaubte allerdings 561 eine Bestattung wenigstens außerhalb der Kirchenmauern. Nicht umsonst hießen die Friedhöfe lange Zeit nur Kirchhöfe. Die Synode von Mainz legte 813 dann fest, daß innerhalb der Kirche allein Bischöfe, Äbte, würdige Presbyter und besonders gläubige Laien bestattet werden können. Wobei die Frage offen blieb, welche Laien davon betroffen sind. So nahmen Adlige, die sich eine Eigenkirche errichtet hatten oder doch als Stifter von Kirchen aktiv waren, selbstverständlich dieses Recht für sich in Anspruch. Und später waren es dann auch die reichen Bürger in den Städten. Und damit sind wir endlich auch in Lübeck angelangt, wenigstens in und um seine mittelalterlichen Kirchen.

2. Lübecks mittelalterliche Kirchen als Begräbnisorte

Wer heute etwa über das Kopfsteinpflaster zwischen Marienkirche und Rathaus eilt, denkt kaum an die vielen hundert Menschen, die einmal darunter ihre letzte Ruhe fanden. Und weil die Kirchhöfe meist wenig Raum boten, wurden die Toten immer öfter mehrfach übereinander bestattet, meist nur auf einem schlichten Totenbrett, manchmal auch in Rinderhaut eingenäht oder in einer schlichten Holzkiste. Nur die Menschen der kleinen Oberschicht konnten sich einen richtigen hölzernen Sarg oder gar einen Steinsarkophag leisten,

aber die fanden ihren Platz ja auch im Boden innerhalb der Kirchen oder gar in einer Seitenkapelle. Und wo draußen höchstens ein aufgerichtetes Totenbrett für kurze Zeit noch an die Verstorbenen erinnerte, kündeten drinnen Grabplatten aus Stein oder sogar aus Metall, wer unter ihnen zur letzten Ruhe gebettet worden ist. Erst nach der Reformation kam der Brauch auf, in aufwändigen Epitaphien den Toten zu rühmen oder gar in der prachtvollen Ausgestaltung der Grabkapellen, zu denen die einst für zahllose Messen genutzten Seitenkapellen umgewandelt waren.

Mehrfach verwendete Grabplatte (Katharinenkirche)

Zu dieser Steinplatte, die sich unter dem Hochchor der Katharinenkirche befindet, gibt es übrigens eine hübsche Geschichte: Nicht nur draußen vor den Kirchenmauern wurden die einfachen Leute mehrfach übereinander bestattet, auch Erbbegräbnisse wie dieses hier wechselten ihre Besitzer. Am unteren Rand findet sich die Jahreszahl 1558. Da ist also offensichtlich der Erstbesitzer des Grabes verstorben. Aber schon 1594 wurde der Stein überarbeitet, denn nun lesen wir: „Disse Sten und Stede (ge)hört .... und seinen Erben." Aber das Wichtigste, der Name des Mannes, ist herausgehauen, denn anscheinend haben seine Erben darauf verzichtet, hier ihre letzte Ruhe zu finden - falls es 1658 noch Erben gab. Denn in diesem Jahr wird hier ein gewisser Assmus Boeckman beigesetzt, und wieder verkündet die

Inschrift, daß dieses Grab auch „seinen Erben erblich" sei. Also nutzt er die Grabstelle nachhaltig, wie wir heute sagen würden: Er verzichtet auf eine neue Steinplatte, entfernt nur den Namen des Vorbesitzers. Ob er die sterblichen Überreste der vor ihm Verblichenen nun entsorgt hat oder sich zu ihnen betten ließ, das läßt sich nicht mehr feststellen.

Die Elite der Stadt aber wählt ein anderes, edleres Material, um die Nachwelt an sich zu erinnern. Das bekannteste Grab im Dom gehört zweifellos Heinrich Bockholt, erster Lübecker Bischof bürgerlicher Herkunft. Er starb 1341. Der Lübecker Gießer Johannes Apengeter soll die vollplastische Figur geschaffen haben, ein hervorragendes Kunstwerk: In vollem Ornat, mit zum Segen erhobener Rechten, in der Linken den Bischofsstab, der vom Modell des gerade vollendeten Chores gekrönt wird, so ruht er auf der aufwändig ziselierten Platte, das Haupt auf gleich drei Kissen gebettet.

Grabmal Bischof Heinrich Bockholt (†1341) (Dom)

Ausschnitt Grabplatte der Bischöfe Johannes Mul († 1350) und Burkhard von Serkem († 1317) (Dom)

Nur in flacher Ziselierung ist diese andere Bronzeplatte gestaltet. Hier sind gleich zwei Bischöfe verewigt: Johannes Mul († 1350) und Burkhard von Serkem († 1317) Auch dieses Meisterwerk ist im Dom zu finden.

In der Katharinenkirche hat sich der Lübecker Bürgermeister Johann Lüneburg († 1461) beisetzen lassen. Er war ein Großkaufmann, der zugleich sein ganzes Leben in den Dienst seiner Vaterstadt stellen konnte: Er verwaltete nicht nur Lübecker Landbesitz, er kommandierte auch die hansische Flotte im Kaperkrieg. Und er verhandelte mit den dänischen Königen, mit den Herzögen von Mecklenburg und denen von Holstein. Auch an ihn erinnert eine Bronzeplatte, aus der zugleich ein kleiner Ausschnitt aus dem Rankenwerk der Umrandung gezeigt werden soll, in das verschiedene Köpfe eingearbeitet sind.

Grabplatte Johann Lüneburg († 1461) Bürgermeister (Katharinenkirche)

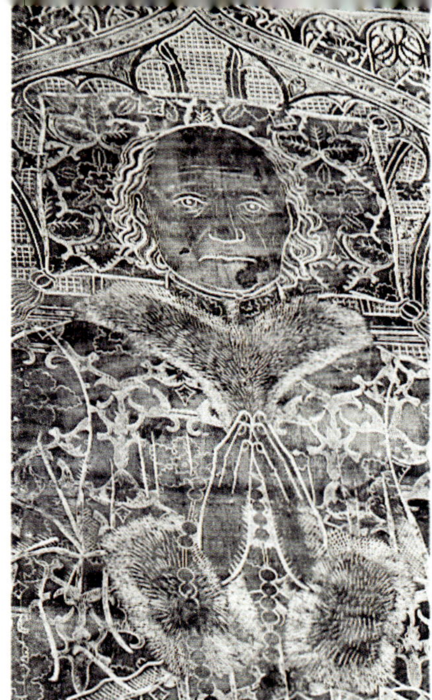

Mit der Reformation wird Lübeck evangelisch, und nach und nach gehören auch viele Domherren der neuen Lehre an. Dennoch behalten alle ihre Pfründen. Und auch das Recht, im Dom bestattet zu werden. Dafür nutzen manche dann die nicht mehr benötigten Seitenkapellen als Grablege. Und mit dem neuen Stil des Barocks lassen sie sich prächtige Grabkapellen gestalten; insgesamt sind es zwölf.

Die Zahl solcher Kapellen ist naturgemäß beschränkt. So ruhen denn auch die meisten Angehörigen der alten ratsfähigen Familien, Großkaufleute und Gelehrte, Ratsherren und Bürgermeister in den vielen Grüften, die sich unter dem Kirchenboden aller Lübecker Innenstadtkirchen wölben.

Doch seit dem 17. Jahrhundert wollten auch sie der Nachwelt ihre besondere Bedeutung kundtun, und bald hingen überall an Wänden und Pfeilern prunkvolle Epitaphe, von denen viele sich bis heute erhalten haben. Sie künden über längere Inschriften oder typische Gegenstände von den Leistungen der Verblichenen, zeigen vielfach auch ihr Porträt. Aber sie künden auch von der Sterblichkeit aller Menschen durch häufig wie-

Grabkapelle Johann Hugo von Lenthe (†1718), Diplomat (Dom)

Grabkapelle Joachim Graf von Bassewitz († 1791) Dekan des Domkapitels (Dom)

derkehrende Symbole: den Tod in Gestalt eines Gerippes, der entweder die Sense in der Hand hält – Bild für die Ernte an Menschenleben, die er einfährt – oder auch das Stundenglas, die Sanduhr, die das verrinnende Leben darstellt. Auch mancher der Engel, die die Epitaphe zieren, tragen eine Sanduhr in Händen.

Bis Ende des 18. Jahrhunderts waren die Kirchhöfe innerhalb der Stadt zugleich Begräbnisstätten. Als Lübeck im Zuge der napoleonischen Eroberungen französisch wird, wollte der Senat 1806 Beisetzungen innerhalb der Stadt verbieten, konnte sich aber nicht gegen den Widerstand der Oberschicht durchsetzen. 1812 wiederholte sich das Spiel: Nun war es der französische Präfekt, der das Verbot erneuerte. Aber da im gleichen Jahr

Epitaph Christoph Wendt, († 1719) Senior des Lübecker Geistlichen Ministeriums (Dom)

Epitaph Familie von Stiten (Marienkirche)

Epithaph Ludwig Pincier, Dekan des Lübecker Domkapitels († 1561) (Dom)

Epithaph Johannes von Seelen, Rektor des Katharineums (†1762) (Katharinenkirche)

Epithaph Johannes Spangenberg, Ratsherr (†1597) (Jakobikirche)

Epithaph Peter Becker, Senior des Geistlichen Ministeriums († 1788) (Jakobikirche)

die Franzosenherrschaft endete, blieb zunächst alles beim Alten. Das änderte sich erst 1832 mit der Eröffnung des „Allgemeinen Gottesackers" auf dem Burgfeld.

Zu ergänzen ist, daß es seit Oktober 2011 in der Jakobikirche wieder einen Begräbnisort gibt: Unter der Gedenkstätte für die auf See Verbliebenen mit dem zerbrochenen Rettungsboot der 1957 gesunkenen Viermastbark „Pamir" wurde ein Kolumbarium geschaffen für Menschen, die sich mit der Schifffahrt und dem Meer verbunden fühlen und auch über den Tod hinaus eine Heimat in der „Kirche der Schiffer und Fischer" wünschen. Dort ist Platz für die Urnen von 350 Verstorbenen. Die Seefahrerkapelle darüber wurde im September 2007 auf Wunsch von Kirchengemeinde und Landesregierung zur Nationalen Gedenkstätte für die zivile Seefahrt erklärt.

Noch eine weitere Urne findet sich in einer Lübeck Kirche: In der Lutherkirche steht seit 1949 die vorher auf dem Ohlsdorfer Friedhof in Hamburg beigesetzte Urne des Pastors Karl-Friedrich Stellbrink in einer Nische im Vorraum. Er war 1943 gemeinsam mit drei katholischen Kaplänen vom Volksgerichtshof wegen angeblichen Landesverrats zum Tode verurteilt und in Hamburg durch das Fallbeil hingerichtet worden.

Man muß Gott mehr gehor-
chen denn den Menschen
Friedrich Karl Stellbrink
Pastor der Luthergemeinde
1934-1943
geboren 28·10·1894
gestorben als Blutzeuge 10·11·1943
Apg·20·24

3. Kein Platz mehr für die Ärmsten und die Kranken

Lepra galt im Mittelalter als höchst ansteckende Seuche, deswegen verbannte man die Kranken in Siechenhäuser draußen vor den Toren der Stadt, und dort wurden sie auch begraben. Als dann im 14. Jahrhundert die Pest, der grausame „schwarze Tod," auch in Lübeck wütete und 1350 etwa jeder vierte dahingerafft wurde, galt Stand und Ansehen wenig, zu groß war die Furcht, sich bei den Pestkranken anzustecken. So schaffte der Schoband, der Abdecker, Tag für Tag die vor die Türen gelegten Leichen aus der Stadt hinaus, um sie in Massengräber zu werfen. Es gab also mehrere Begräbnisstätten außerhalb der Stadtmauern, meist in der Nähe von vorhandenen Wegekapellen. Auch wenn sie zum Teil längst eingeebnet sind, sollen sie nicht unerwähnt bleiben.

a. St. Annen-Kirchhof (abgängig)

Unmittelbar vor dem Mühlentor lag seit 1240 ein Siechenhaus. Es war zunächst für an der Lepra Erkrankte errichtet worden, die durch die Kreuz-

St. Jürgenkapelle vor dem Mühlentor (Ausschnitt aus der Stadtansicht von Johannes Willinges, 1597)

züge bis nach Nordeuropa eingeschleppt worden war. Da man große Angst vor einer Ansteckung hatte, wurden die Kranken vor den Toren vollständig isoliert untergebracht, auch die Verstorbenen mußten dort auf einem eigenen Kirchhof beerdigt werden. Selbst zum Gottesdienst in der Stadt war ihnen der Zutritt verwehrt, deshalb fand er vor Ort statt, und 1341 errichtete der Rat dort eine eigene Kapelle, die dem Schutzheiligen der Leprakranken, St. Georg, geweiht war, oder, wie man im Norden sagte: St. Jürgen. Von ihr gibt es eine Abbildung, die von 1597 stammt - Teil einer von Johannes Willinges gefertigten Stadtansicht.

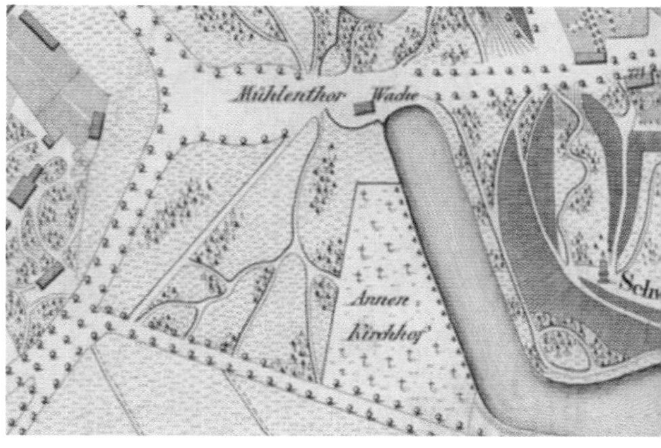

Stadtgrundriss von H. Behrens, 1824

Am 16. März 1629 fand dann der letzte Gottesdienst in der kleinen Kirche statt, denn Hospital wie Kapelle mußten einer Erweiterung der Befestigungsanlagen weichen. Auch der dortige Gottesacker wurde verlegt: 1639 wurde zunächst ein neuer Armenfriedhof gegenüber der Bastion Schwansort angelegt, der dem St. Annen- Armen- und Werkhaus für seine Insassen zugewiesen wurde, aber auch für die unentgeltliche Bestattung anderer armer Leute aus der Stadt genutzt wurde. Im Volksmund war der Gottesacker deshalb nur als „de arme Lüüds Karkhof" bekannt. Vorgeschrieben war eine Bestattung von mindestens drei Särgen übereinander, Grabsteine waren ebenso un-

Ein Sarg wird zu St. Annenfriedhof getragen (Johann Marcus David, ca 1780):

tersagt wie eine Abdeckung mit Grassoden. Nur die Beamten, Ärzte und Lehrer des St. Annen-Armenhauses hatten das Recht, sich dort ein Grab – mit Grabstein - zu sichern. 1808 wurde der Friedhof noch einmal erweitert, 1868 dann zugunsten des Burgtorfriedhofs geschlossen. Im Schnitt wurden dort jährlich 200 Beisetzungen durchgeführt. Zunächst als Parkanlage weiter genutzt, wurde er durch die Verlegung der Hüxtertorallee durchschnitten. Noch bis 1952 stand dort das 1808 neu errichtete klassizistische Eingangstor, doch dann wurde es bei den erforderlichen Baumaßnahmen versehentlich zerstört.

b. St. Jürgen-Friedhof

Zugang: Ratzeburger Allee 23, Haltestelle: Wasserkunst, Linien 1, 4, 6, 9

1645 wurde mit einem neuen Siechenhaus auch ein neuer Gottesacker weiter stadtauswärts an der Straße nach Ratzeburg angelegt, und 1646 auch eine neue Kapelle eingeweiht: - ein Backsteinbau in Form eines griechischen Kreuzes. Die vier um das quadratische Mitteljoch geordneten Seitenschiffe sind nur sehr schmal, schließen dafür jeweils mit einem fünfseitigen Vorbau.

Die Glocke hängt in einem freistehenden hölzernen Turm neben der Kapelle. Schon 1645 entstand auch eine Leichenhalle, die bis heute existiert und als das älteste noch stehende Gebäude in der Vorstadt gilt, allerdings durch Umbauten wenig ansehnlich ist. Daneben wurde das Siechenhaus errichtet, in dem jeweils sechs Männer und Frauen Platz fanden, für die ein Siechenmeister zu sorgen hatte. 1847 wurde auch dieses St. Jürgen-Hospital geschlossen und damit zugleich der Gottesdienst für die Insassen eingestellt.

Erst um 1880 gab es dann wieder sonntägliche Gottesdienste, nun für die neu entstandenen Wohngebiete vor dem Mühlentor, die bis 1961 noch zur Domgemeinde gehörten. Der gerade einmal 2.000 qm große Friedhof hingegen wurde auch weiterhin benutzt. Ende des 18. Jahrhunderts entschieden sich, ähnlich wie in St. Lorenz reformbewußte Personen aus dem Großbürgertum, für eine Grabstelle außerhalb der Stadt, so daß der Friedhof einige sehenswerte Grabmonumente aufweist.

Dazu gehört etwa das Grabmal des Marc André Souchay († 1814), der sich als Kaufmann in Lübeck niederließ, zu einem der reichsten Bürger aufstieg und eine Zeit lang französischer Konsul war. Sein Grabmal hat der damals bekannte Architekt

Lillie entworfen: Zu Häupten der Grabplatte erhebt sich eine Stele, die unten in einer Nische eine Öllampe zeigt, während das Gesims von einer Urne in Form einer Amphore gekrönt wird.

Ähnlich das Grabmal für den Senator Hermann Haartmann († 1807). Auch hier eine Bogennische mit Lampe im unteren Sockel. Zwei Fascenbündel säumen die Inschrift einer Stele und tragen zugleich einen Giebel mit seitlichen Akroterien, in dessen Feld ein Schmetterling abgebildet ist.

Weitere klassizistische Monumente erinnern zum Beispiel an den russisch-kaiserlichen Generalkonsul Alexis von Saposchnikoff († 1810). Ein pyramidenförmiger Sockel aus Bossensteinen trägt eine umkränzte Säule, die Namen und Beruf des hier Bestatteten zeigt. Die Säule endet in einer breit ausladenden Scheibe, auf der eine kugelförmige Urne ruht.

Johann Bartholomäus Guinand war Wein- und Holzhändler, der bei seinem Tod († 1800) in der Mengstraße wohnte. An ihn erinnert ein mit Kranzgehängen geschmücktes Postament, das eine verhüllte Urne trägt.

Alle historischen Grablegen finden sich im älteren Teil des Friedhofs, der die Kapelle im Westen und Norden umrundet. Nach Niederlegung des Hospitals wurde er nach Süden hin um eine sehr regelmäßige Anlage erweitert. Heute gibt es insgesamt knapp 400 Grabstellen.

UND
GENERAL

c. Gertrudenkirchhof (abgängig)

Es waren die mehrfach wiederkehrenden verheerenden Seuchen, die die Kirchhöfe innerhalb der Stadt überforderten, und außerdem fürchtete man, dass von den Toten eine Gefahr für die Lebenden ausging. So wurden sie oft rasch und möglichst ohne Berührungen in schnell ausgehobene Gruben geworfen. Als 1350 zum ersten Mal die Beulenpest Lübeck erreichte, raffte sie in kurzer Zeit etwa ein Viertel der Einwohnerschaft hinweg. So ordnete der Rat an, auf dem Burgfeld einen Pestfriedhof anzulegen und ließ dort zugleich eine der heiligen Gertud von Nivelles geweihte Kapelle errichten. 1373 wird der Ort als cymiterium pauperum, also als Armenfriedhof, bezeichnet, zugleich erhielt die Kapelle einen Vikar zugeteilt, ein Zeichen, daß der Friedhof dauerhaft genutzt wurde. Anfang des 15. Jahrhunderts befand sich daneben auch ein Pocken- und Armenhaus. 1622 wurde alles wegen der vergrößerten Befestigungen weiter hinaus auf das Burgfeld verlegt. Nach 1867 wurde er nicht mehr genutzt und 1970 endgültig mit der Dorothea-Schlözer-Schule überbaut. Nur der Straßenname „Am Gertrudenkirchhof" erinnert noch an vergangene Zeiten.

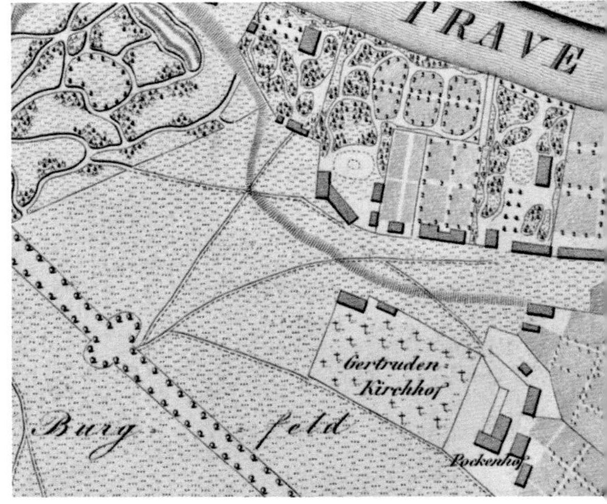

Stadtgrundriss von H. Behrens, 1824

Anders war es übrigens, als im Jahr 1367 von einer „horrible Pestilencia" für Lübeck berichtet wurde. Neue Grabungsbefunde unter dem Heiliggeist-Hospital belegen, daß auch dort ein Massengrab angelegt worden ist, das dann später mehrfach bei Epidemien genutzt wurde. Auf engstem Raum fanden die Archäologen über tausend Skelette. Allerdings war es diesmal eine Typhusepidemie, wie die Untersuchung eines Teils der Skelette ergab, also eine auf die Stadt beschränkte Seuche.

d. St. Lorenz-Friedhof

Zugänge: Steinrader Weg 10-16; Haltestelle: ZOB/Hauptbahnhof, Linien 1,2,3,5,6,7,9,10,11,12,15,16, 17,25,31, 32,39,40

Ein weiterer Pestfriedhof entstand auf dem Holstenfeld, als es 1597 zu einer erneuten Epidemie kam. Nahezu 8.000 Menschen sollen ihr zum Opfer gefallen sein. Am 10. August wurde er eingeweiht, dessen Tagesheiliger Laurentius von Rom, eingedeutscht Lorenz, ist. Dieser Kirchhof ist also der älteste aller noch vorhandenen und genutzten Friedhöfe Lübecks. Hinzu kam ein Jahr später auch ein Siechenhaus zur Pflege der von der Krankheit Befallenen. Noch heute erinnert ein Pestkreuz neben der jetzigen Kirche an die Gründung. Seine Inschrift in hochdeutscher Übertragung lautet: „Anno 1597 am Tag (*des heiligen*) Laurentius haben diese nachfolgenden Vorstände auf Geheiß des ehrbaren Rates diesen Kirchhof angefangen Gott zu Ehren und den Armen zum Besten. Anno 1598 haben die Vorstände (*auch*) das Haus beim Garten bauen lassen. Hinrich Meier, Jacob Granekow, Hans Glandorp, Hinrich Bilderbeck."

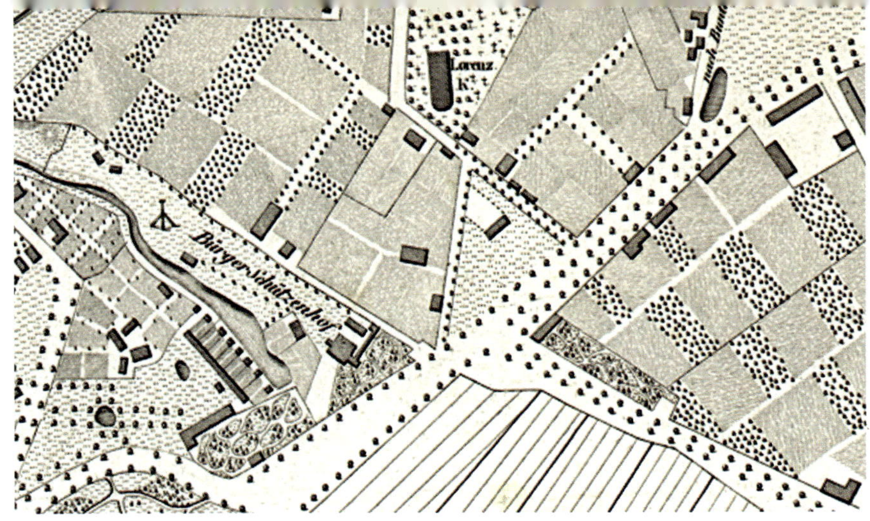

1661 begann man, dort auch eine Kirche mit dem Patronat von St. Lorenz zu errichten, ein kleines Fachwerkgebäude, das zum Kirchspiel St. Petri gehörte und vor allem für die Menschen gedacht war, die vor den Toren lebten und arbeiteten. Da die Stadt hier auch die Armen beerdigen ließ, wurde der Friedhof lange von den Wohlhabenden gemieden, bis der Lübecker Bürgermeister Bernhard von Wickede dort 1786 seine Ehefrau beisetzen ließ. Danach war der Bann gebrochen, auch andere angesehene Bürger ließen sich nun hier bestatten, wovon einige klassizistische Grabdenkmäler bis heute Zeugnis ablegen.

Dabei macht der Friedhof einen wenig geordneten, fast schon verwunschenen Eindruck mit dem ausufernden Efeubewuchs und seinen historischen Grabstätten rings um die heutige Kirche, die 1900 im Stil der Neogotik als Backsteinbau vollendet wurde. Da auch hier das alte Gotteshaus später als Gemeindekirche genutzt wurde, erwies es sich bald als zu klein für die wachsende Zahl der Einwohnerschaft im Stadtteil vor dem Holstentor. So wurde rings um die alte Kirche herum seit 1898 ein Neubau aufgeführt mit einem südlichen Seitenschiff und einer Empore darin. Trotz des hochaufragenden Turms steht auf dem Friedhof ein gesonderter Glockenturm, ebenfalls neugotisch, der heute als Urnenraum dient.

Die historischen Gräber zeigen eine große Formenvielfalt. Vor allem beeindrucken die Tumben, mächtige Steinkästen als Erbbegräbnisse, auch wenn viele nicht mehr genutzt werden. Hervorgehoben seien auch einige andere Grabstätten: Etwa die abgebrochene Säule, kanneliert und auf einem Sockel mit Tuchgehängen, errichtet für den bald wieder vergessenen Dichter Karl Rechlin († 1796). Oder der trauernde Genius, der sich auf eine Urne stützt - er beweint einen gewissen Herrn Meder († 1796). Die schlichte Stele von Friedrike Tesdorpf wird nur durch ein Kranzrelief geziert. Vier Grabsteine nebeneinander gehören dem Gründer der Niederegger-Dynastie Johann Georg († 1859) und seinen Nachkommen.

Eine Besonderheit dieses Friedhofs ist eine Grabstätte für Fehl- und Totgeburten. Es war der Wunsch vieler Eltern nach einem Ort für die Trauer der Mütter und Väter, deren Kinder es nicht in die Welt geschafft haben. Daraufhin erklärte sich die Frauenklinik des UKSH bereit, die Totgeburten nicht wie üblich zu entsorgen, sondern aufzubewahren und für die Kosten einer Bestattung aufzukommen, die alle Vierteljahre mit einer Trauerfeier in der St. Lorenzkirche verbunden ist. Das Naturstein-

werk Rechtglaub stiftete eine 1,40 m hohen Stele mit aufgesetztem plastischen Kreis aus Gotland-Kalkstein. Auf einer Seite dieses oberen Teils ist ein Flachrelief eingemeißelt, das eine Mutter mit dem Blick auf das erwartete Kind zeigt. Darunter der bekannte Ausspruch Michelangelos „ Ich bin nicht tot, ich tausche nur die Räume. Ich leb in euch, ich geh durch eure Träume."

e. *Ehemaliger Kirchhof der Wegekapelle Klein-Grönau*
Zugang: Groß Grönau, Hauptstr. 70; Haltestelle Klein Grönau, Linie 4

Weit draußen vor den Stadttoren und auch vor der Landwehr liegt an der alten Trasse von Lübeck nach Mölln ein einzigartiges Ensemble von Siechenhaus, Kapelle und Verwalterhaus, gestiftet von dem Ritter Volkmar von Gronowe (=Grönau) und erstmals im Urkundenbuch des Lübecker Bistums am 26. Mai 1265 erwähnt. Der Lübecker Bürger Heinrich von Iserlohn vermacht – zu seinem und seiner Gattin Seelenheil – dem Aussätzigenhaus die Hälfte der Pachteinnahmen aus einer Hufe Land in Mecklenburg. Und wie er stiften bis 1350 mindestens 34 andere Lübecker Einkünfte für dieses Haus „St. Jürgen am Wege." Am 23. Juni 1409 wird auch eine Kapelle auf dem kleinen Hügel gegenüber vom Siechenhaus geweiht, und zwar „zu Ehren des heiligen Kreuzes und der seligen Jungfrau Maria… und zu Ehren der Seelen aller verstorbenen Gläubigen und aller Heiligen". Den Dachreiter erhält sie erst 1659.

1479 konnte das heutige Siechenhaus, bezahlt aus dem Nachlaß des Lübecker Bürgermeisters Andreas Geverdes, errichtet werden. Im Herzogtum Sachsen-Lauenburg gelegen, war Klein Grönau doch seit 1423 ein Vorwerk in Lübecker Besitz, überlassen von den letzten beiden Rittern von Grönau, und 1747 verzichtet Lauenburg auch vertraglich auf alle Besitzansprüche zugunsten des Lübischen Staates. Wie die Tafel am Siechenhaus bemerkt, wurde es wegen Baufälligkeit 1787 saniert, inzwischen als Armenhaus genutzt.

Rings um die Kapelle zieht sich auch heute noch ein Wall aus Feldsteinen und begrenzt damit den kleinen Kirchhof, auf dem die verstorbenen Insassen beigesetzt wurden.

4. Vom Kirchhof zum Friedhof – der Burgtorfriedhof

Zugänge: Eschenburgstr. 20; Travemünder Allee 27; Haltstellen: Burgtorfriedhof, Linien 8, 15, 30, 31, 32 – Hanseresidenz. Linie 8, 12, 15

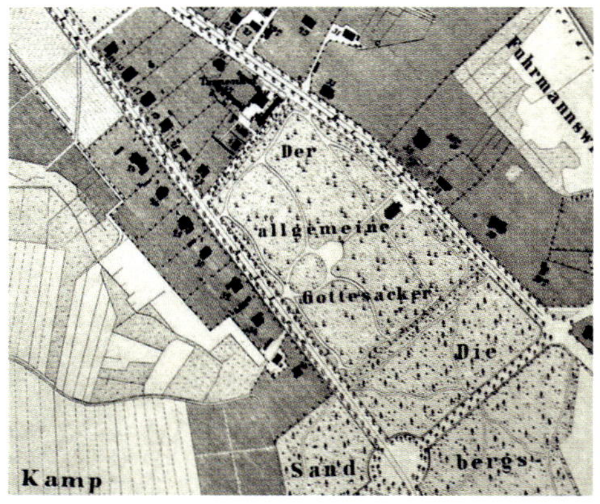

Stadtplan, Major Fink, 1872

Lübeck hatte in den ersten Jahrhunderten der Neuzeit durchschnittlich 26.000 EinwohnerInnen. Für Beerdigungen standen jedoch nur rund 1.800 Plätze in den Kirchen sowie auf den Kirchhöfen darum herum rund 1.700 weitere zur Verfügung – die Schichtung der Särge in sechs Lagen bereits eingerechnet. Jahrhundertelang waren Bestattungen außerhalb der Stadtmauern untersagt; die Ausnahmen kennen wir bereits. Es waren vor allem Lübecks Ärzte, die gegen Ende des 18. Jahrhunderts immer wieder auf die hygienischen Gefahren dieser Regelung hinwiesen und die Anlage eines allgemeinen Gottesackers vor den Toren forderten. Zweimal – 1806 und 1812 – setzten sie ein Verbot von Bestattungen innerhalb der Stadt durch, zweimal wurde es auf Grund vieler Proteste wieder zurückgenommen.

Erst als 1832 eine Choleraepidemie die Stadt heimsuchte, kam es endlich zu diesem Verbot – nachdem 1828 die Anlage eines Friedhofes nahe den Sandbergtannen östlich des Burgfel-

des. beschlossen war. Am 19. Juli dieses Jahres wurde er eingeweiht, der St. Annen-Kirchhof dafür geschlossen. Fortan wurden alle Einwohner der Stadt, auch die Armen, auf dem „allgemeinen Gottesacker" vor dem Burgtor bestattet. Er löste die Kirchhöfe der fünf Innenstadtgemeinden ab, die nun jeweils ein eigenes Areal im Rahmen dieser Anlage erhielten, St. Petri seitlich der geplanten neuen Kapelle, Dom und St. Jakobi im Süden und St. Marien und St. Ägidien im Osten. Noch heute stehen die „Grenzsteine" der Gemeinden auf dem Burgtorfriedhof. 1869 wurde endlich auch die Friedhofskapelle eingeweiht, ein Ziegelbau in neugotischen Formen. Hinzu kam 1892 noch ganz im Osten eine Leichenhalle in gleichem Stil. 1901 mußte der alte Gottesacker hinter der Leichenhalle um einen „neuen Friedhof" erweitert werden.

Für den alten Teil von 7,6 ha waren insgesamt 13.000 Grabstellen vorgesehen, und erstmals wurde auch die Liegezeit auf 25 Jahre beschränkt. Allerdings konnte die Ruhezeit auf 30 Jahre verlängert werden. Dennoch war der Platz so knapp bemessen, daß bis zu neun Särge übereinander gestattet waren. Anfangs war der Friedhof eine grasbewachsene Wiese, auf der der Friedhofsverwalter eine eigene Schafherde weiden ließ. Das erklärt, warum viele Erbbegräbnisse mit einem Eisengitter umgeben waren. Grabsteine waren der allgemeinen Bevölkerung nicht erlaubt, erst später durften sie gußeiserne Kreuze mit einem Emailleschild für den Namen des Verstorbenen aufstellen.

Große Widerstände hatte es wie berichtet gegen das Verbot, innerhalb der Stadt Bestattungen durchzuführen, von verschiedenen Seiten gegeben: Einerseits wollten die alteingesessenen Patrizierfamilien nicht auf ihre Grabkapellen in den Kirchen verzichten, anderseits gab es auch Handwerkerbruderschaften, die in der Stadt Gemeinschaftsgräber besaßen und behalten wollten. Ihnen war der Senat nun weit entgegengekommen: So standen den Bruderschaften eigene Korporationsgräber als Gemeinschaftsgrabstätten zu, so etwa den Stecknitzfahrern [32] oder den Schuhmachergesellen

Neben den Reihengräbern gab es weitere 1.800 Plätze für Erbbegräbnisse, die von den Familien der Oberschicht genutzt wurden. Nur wenige von

ihnen erhielten auch die Erlaubnis, dort Familiengruften, Grabmonumente oder gar Mausoleen zu errichten. Darüber entschied eine Begräbnisdeputation aus zwei Senatoren und je einem bürgerlichen Vorsteher der fünf Kirchengemeinden – bis zum Jahr 1907, in dem die Friedhofsverwaltung an die Stadt überging.

Dennoch galt der Burgtorfriedhof später als bevorzugte Grablage, viele bekannte Größen der Stadt - Senatsmitglieder, Großkaufleute, angesehene Beamte und Gelehrte - liegen dort begraben, und 17 von ihnen haben eine Ehrengrabstätte. Aber auch sonst zeugen zahlreiche Gräber von der ausgeprägten Friedhofskultur des 19. Jahrhunderts. Und noch immer gilt der alte Spruch überzeugter Einheimischer: Man sei erst dann ein echter

Lübecker, wenn mindestens zwei Generationen bereits auf dem Burgtorfriedhof ruhen.

Heute ist dieser Ort eine schöne Anlage, die geschwungenen Wege werden von Einzelbäumen und Gebüsch gesäumt, und überall begegnen uns Grabstätten, die oft genug mit bekannten Namen der Stadtgeschichte verbunden sind. Kein Lübecker Friedhof hat eine so große Anzahl an künstlerisch gestalteten Grabmonumenten. Es lohnt sich also, mit einem entsprechenden Plan in der Hand den Friedhof zu durchwandern. Hier kann längst nicht alles gezeigt und besprochen werden, wir beschränken uns deshalb auf eine gewisse Zahl dieser Ehrengrabstätten, auch wenn nicht alle von herausragenden Monumenten bestimmt sind.

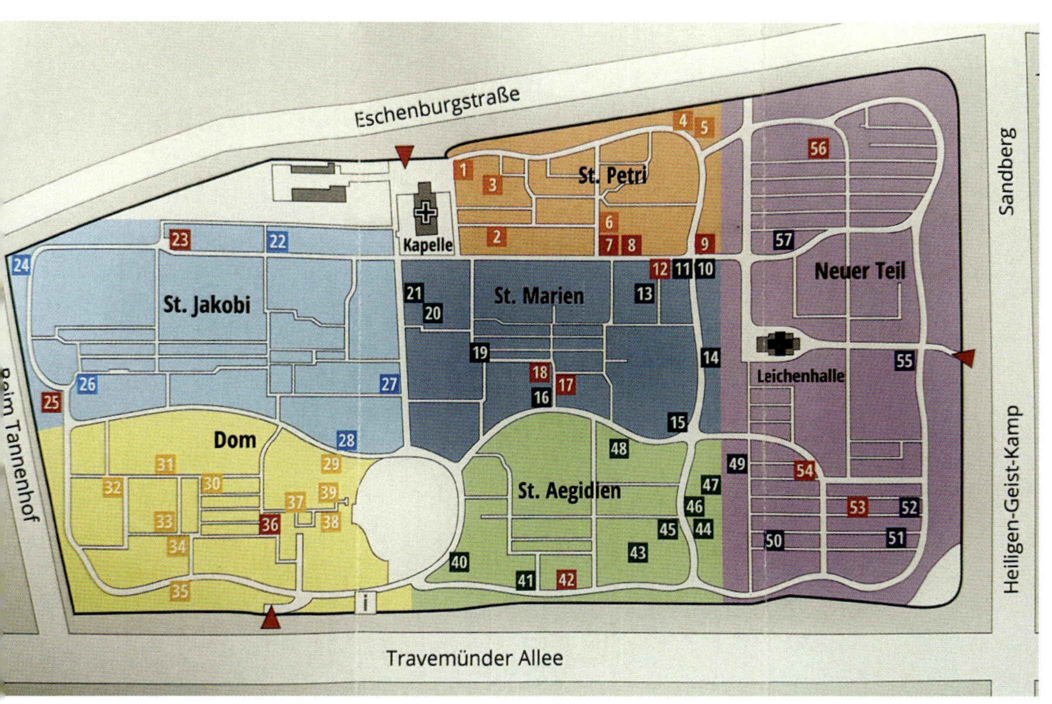

7	Emmanuel Geibel	23	Johan Daniel Eschenburg
8	Emil Ferdinand Fehling	24	Arthur Gustav Kulenkampf
9	Otto Passarge	25	Familie Dräger
11	Willibald von Lütgendorf	32	Stecknitzfahrer
17	Emil Possehl	33	Adolf Ehrtmann
18	Heinrich Gaedertz	42	Carl Julius Milde
19	Günter Lüders	46	Familie Mann
21	Johann Georg Eschenburg	53	Ida Boy-Ed
22	Familie Behrens-Mann	54	Peter Rehder
		56	Georg Kalkbrenner

Emanuel Geibel († 1884) ist wohl der bekannteste Lübecker, der auf diesem Friedhof ruht. [3] Einst als Dichterfürst von einer ganzen Nation gerühmt, säumten Hunderte von Trauernden den Weg, als sein Sarg am 12. April 1884 aus der Stadt hinaus zum Gottesacker vor dem Burgtor gebracht wurde, und der Senat kam nicht umhin, dem „großen Sohn der Stadt," dem „Herold des Deutschen Reiches" ein Ehrengrab zu gewähren. Immerhin hatten ihm erst der König von Bayern und später der preußische König einen Ehrensold ausgesetzt. Heute ist Geibels Werk fast vergessen, nur sein berühmtes Frühlingsgedicht „Der Mai ist gekommen" ist zum Volkslied geworden.

Damals aber war Geibel eine echte Institution in Lübeck, wie diese hübsche Anekdote zeigt: Da soll eine einfache Frau angesichts des Trauerzuges ganz verwirrt gefragt haben: „Un wer ward nu Dichter?" Wer weiß, ob es tatsächlich so war! – Gern für Trauerreden genutzt ist auch ein Dreizeiler, der gerade bei einem Besuch seines Grabmals noch einmal zitiert werden sollte: „So ist der Tod auch ein Bad nur. Aber drüben am anderen Ufer liegt uns bereitet ein neu Gewand."

Das Grabmal selbst ist eine eher einfache, aber edle Stele aus rötlichem Marmor unter einem weit ausladenden Giebel, geziert allein von einem Lorbeerkranz. Rechts daneben das schlichte Erbbegräbnis von Lübecks Bürgermeister Dr. ***Emil Ferdinand Fehling*** († 1927), der mit Geibels einziger Tochter verheiratet war. Er mußte Lübecks Geschicke während und nach dem ersten Weltkrieg meistern. [8]

Dagegen ist ein anderer Sohn der Stadt als Schriftsteller weltweit anerkannt und Träger des Nobelpreises für Literatur: Thomas Mann. Er ruht zwar in einem Grab im Schweizerischen Kilchberg, doch die ***Familie Mann*** fand ihre letzte Ruhestätte auf dem Burgtorfriedhof. Ein schlichter grauer Stein mit einem flachen Giebel zeigt eine ganze Reihe von Namen, die in zwei Nischen mit gotisierender Rahmung zu lesen sind, beginnend mit Anna Catharina und Johann Siegmund Mann, die seinerzeit aus Rostock zugezogen waren: Es sind die Urgroßeltern des Dichters, deren drei Kinder Maria (mit Ehemann Gottholdt Weichbrodt), Hans Friedrich (mit Ehefrau Emma Amalia und dem bereits als Säugling verstorbenen Sohn Johannes Marcus) sowie Thomas Manns Großvater Johann Siegmund der Jüngere hier ruhen. [46] Doch es gibt noch ein zweites Ehrengrab, das der Familie Mann zuzuordnen ist, obwohl die schlichte Aufschrift nur den Namen ***Behrens*** trägt. [22] Aber der Lübecker Kaufmann Senator Jacob Behrens war der Schwiegervater von Johann Siegmund III. Mann, und so ruhen in diesem Erbbegräbnis allein acht Personen, die den Familiennamen „Mann" tragen, meist ererbt, manchmal auch durch Heirat. Eine Tafel, ziemlich versteckt

hinter dem Grabmal, berichtet darüber. Dieser klassizistische Sandsteinbau über der Gruft wird von vier Pfeilern geprägt, die den Architrav mit der Aufschrift „Jacob Behrens Erb.Begräbniss“ und der Jahreszahl 1834 tragen. Die inneren Pfeiler sind mit auf den Kopf gestellten Fackeln geschmückt und rahmen die Tür ins Innere der Gruft. Über den äußeren Pfeilern zieren Eichenkränze den Querbalken.

Zwar nur Zeichenlehrer am Katharineum, aber ein weithin bekannter Illustrator war ***Carl Julius Milde*** († 1875). Für Lübeck allerdings ein Mann von großer Bedeutung: Er sammelte all die mittelalterliche Kunst aus der Burgkirche, bevor sie entsorgt wurde, restaurierte deren Farbfenster und zeichnete die Illustrationen für die Bücher seines Freundes Deecke über Lübecks Geschichte und die Altertümer der Stadt. [42] Zu den Kunstschaffenden gehörte auch ***Ida Boy-Ed*** († 1928). Sie war als Frauenrechtlerin auch in Lübeck durchaus umstritten, hatte andererseits einen Ruf als Schriftstellerin mit mehr als 70 Romanen und Erzählungen und war ein Leben lang mit Thomas Mann befreundet. [53]

Ehrengräber erhielten auch einige Politiker der Stadt: ***Arthur Gustav Kulenkamp*** († 1895) wurde zum Senator und später viermal zum Bürgermeister gewählt, obwohl der Jurist gar nicht der Bürgerschaft angehörte. Sein Mausoleum wurde in Feldstein aufgemauert und ähnelt einer Hütte irgendwo in den Bergen, allerdings mit einer beeindruckenden Eisentür versehen. Von Efeu umrankt, erinnert es ein wenig an die damals üblichen romantischen Burgenimitationen. [24]

Johann Daniel Eschenburg († 1884) war ein Kaufmann, der von seinem Onkel eine Holzhandlung erbte. Als Mitglied der traditionsreichen Gilde der Nowgorodfahrer wurde er deren Ältermann. Auch an der Gründung der Handelsbank war er beteiligt. 1846 wurde er in den Senat gewählt. Er hat sich ein prächtiges, aber auch pompöses Mausoleum in Form einer gotischen Kapelle errichten lassen. Das Portal rahmen zwei Strebepfeilern nachempfundene Vorsprünge, die in hochragenden Fialen mit Kreuzblumen enden. In die Gewände der Tür sind gemauerte Halbsäulen eingestellt, deren Kapitelle mehrere Bögen tragen. Alles eine Hommage an jenen Baustil, der in wilhelminischen Zeiten als urdeutsch galt und die meisten öffentlichen Gebäude bestimmte. [23] Sein Neffe ***Johann Georg Eschenburg*** († 1884), war zunächst Senator und dann dreimal Bürgermeister der Hansestadt. In dieser Eigenschaft durfte er am 13. August 1913 Kaiser Wilhelm II. bei dessen letztem Besuch in Lübeck begrüßen. [21]

Einen bescheidenen Grabstein dagegen hat **Otto Passarge** († 1976). Der Maurer und Sozialdemokrat übernahm nach dem Ende des zweiten Weltkriegs tatkräftig die Verantwortung für seine Heimatstadt, zunächst als Polizeipräsident, dann als Vorsitzender der Bürgerschaft und seit 1950 als Bürgermeister. Wiederaufbau und Eingliederung der vielen Flüchtlinge sind ihm zu verdanken. [9]

Heinrich Gaedertz († 1904) war zwar auch Senator, seine Verdienste für Lübeck aber bestanden vor allem in der nach ihm benannten Stiftung, in die er testamentarisch sein großes Vermögen einbrachte: In der Curtiusstraße am Stadtpark steht ein Wohnstift, das er für „würdige und bedürftige Männer, die dem Kaufmanns- oder Seemannsstande angehören" bestimmte. [18] Bleiben noch zwei weitere Senatoren aus dem 20. Jahrhundert: **Georg Kalkbrenner** († 1956) hatte vor und nach der NS-Zeit Verantwortung für die Finanzen der Stadt und förderte den Siedlungsbau. [56] **Adolf Ehrtmann** († 1979) war mit den Lübecker Märtyrern befreundet und wurde als Widerständler mit ihnen angeklagt und mit Zuchthaus bestraft. Nach dem Krieg bemühte er sich als Senator besonders um den Erhalt der Altstadt. [33]

Andere Verdienste erwarb sich **Peter Rehder** († 1920), der als Wasserbaudirektor der Stadt den Elbe-Lübeck-Kanal plante [54]. Als Museumsmann wurde dagegen **Willibald Freiherr von Lütgendorf** († 1937) geehrt. Er war Maler und Kunsthistoriker, wurde mit dem Aufbau der Gemäldesammlung im neuen Museum am Dom betraut. [11] Wenig bekannt ist, daß nach beiden, Rehder und von Lütgendorf, auch jeweils ein kleiner Park benannt ist, für Rehder oberhalb des Kanals am Gustav-Radbruch-Platz, für Lütgendorf vor dem Museum am Mühlenteich.

Lübeck ist bekannt für seine vielen Stiftungen, und an zwei der wichtigsten erinnern Mausoleen auf dem Burgtorfriedhof. Das eine ist dem Großkaufmann, Unternehmer und Senator **Emil Possehl** († 1919) gewidmet, der sein gesamtes Firmenimperium in eine Stiftung einbrachte, um „das schöne Bild der Stadt, gemeinnützige Einrichtungen, die Jugend, Kunst und Wissenschaft sowie Menschen in sozialer Not“ zu fördern. Er wurde 1919 beigesetzt, doch 1920 wurde ihm das heutige Mausoleum errichtet, ein quadrischer Bau aus Muschelkalk unter einer niedrigen Kuppel. An allen vier Ecken hat der Bildhauer Hermann Joachim Pagels je zwei lebensgroße Skulpturen geschaffen. Inzwischen wurde die Grabstätte ebenfalls unter die Ehrengräber aufgenommen. [17]

Ein weiteres Mausoleum, ganz in der Südspitze des Friedhofes gelegen, gehört der Fabrikantenfamilie ***Dräger,*** Gründer des heute weltweit mit rund 15.000 MitarbeiterInnen agierenden Konzerns für Medizin- und Sicherheitstechnik und ebenfalls durch eine Stiftung gemeinnützig tätig. Auf einem Podest ruht ein sargähnlicher steinerner Aufbau, ebenfalls aus Muschelkalk, der allein die Namen der hier ruhenden Familienangehörigen trägt. [19]

Neben den Ehrengräbern finden sich aber auch viele andere Grabstellen einst gut betuchter Bürger mit aufwändig geschmückten Monumenten, auch wenn die Namen der Verstorbenen uns heute meist wenig sagen. Manche Lübecker werden noch den Namen Lüders im Ohr haben, eine alteingesessene Reederfamilie, doch ein Sproß daraus hat es zu einem gewissen Ruhm gebracht: der Schauspieler ***Günter Lüders*** († 1975). Auch er ist im Familiengrab beigesetzt, einer Kalksteinwand mit vielen Namen. Vier vorgesetzte ionische Säulen tragen einen mächtigen Architrav, auf dem ein vorspringenden Giebel aufliegt - das Ganze einem griechischen Tempel nachempfunden. Nur wenige werden wissen, daß man ihm nachsagt, dem bronzenen Eulenspiegel-Denkmal auf dem Möllner Markt sein ausdrucksvolles Gesicht geliehen zu haben. [53]

Neben den vielen bedeutsamen Grabdenkmälern lädt der Burgtorfriedhof aber auch zu einem botanischen Rundgang ein, denn er wird beschattet von einem alten Baumbestand: Sowohl eine Lärche nahe der Kapelle als auch eine Gruppe Blutbuchen sind eingetragene Naturdenkmäler. Seitlich des Rondells in der Mitte stehen Platanen, die schon bei der Eröffnung des Friedhofs gepflanzt wurden und nun bereits fast zweihundert Jahre alt sind. Aber auch die Anlage selbst ähnelt, trotz der vielen geraden Grabreihen, durch ihre geschwungenen Hauptwege und die Baum- und Buschgruppen durchaus einem englischen Landschaftsgarten.

Wer sich für ausführliche Lebensläufe vieler hier bestatteter bekannter Lübecker Persönlichkeiten interessiert, dem sei die Lektüre einer von der Hansestadt Lübeck herausgegebenen Broschüre „Lübecker Friedhöfe – Burgtorfriedhof," 2. Auflage 2007, empfohlen.

Peter-Michael Feege
Annemarie

5. Vorwerker Friedhof

Zugänge: Friedhofsallee 83; Stockelsdorf, Flurstraße; Haltestelle Vorwerker Friedhof Eingang 1, 2 oder 3 - Linie: 7

Mit steigenden Einwohnerzahlen wurde Ende des 19. Jahrhunderts der Burgtorfriedhof zu klein. Vor allem für die wachsende Vorstadt vor dem Holstentor zwischen Moislinger, Fackenburger und Schwartauer Allee reichte der St. Lorenz-Friedhof längst nicht mehr. Eine Erweiterung dieses Friedhofs lehnte der Lübecker Bürgerausschuß 1902 ab. Daraufhin schlug der Senat vor, auf einem der Stadt gehörendes Grundstück von rund 21 Hektar zwischen Vorwerk und Krempelsdorf einen ganz neuen Friedhof anzulegen, anfangs also vor allem gedacht für die Verstorbenen dieses Stadtteils.

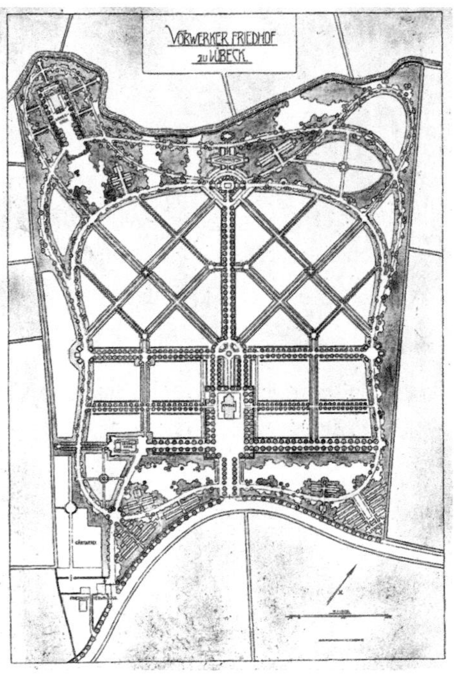

Der Entwurf wurde dem bekannten Reformer aus der Volksparkbewegung und Gartenarchitekten Erwin Barth übertragen, der damals Leiter der Lübecker Gartenbauverwaltung war. Sein Ideal war eine parkähnliche Anlage. 1907 konnte sie eingeweiht werden. Barth plante eine Art Waldfriedhof, deshalb umrandete er die Anlage mit dichtem Baumbestand. Für die Grabfelder im Inneren nahm er sich die Gestalt eines Schmetterlings zum Vorbild; hinter dem für die Kapelle vorgesehenen zentralen Platz sollten von einem Rondell fünf Hauptwege strahlenförmig ausgehen, die in einem halbkreisförmigen Ringweg endeten. Nur die beiden Diagonalen wurden fortgeführt in den Waldgürtel hinein und bildeten so zwei Schmetterlingsflügel ab. Die rechtwinklig abzweigenden Wege gestaltete er als Alleen mit unterschiedlichen Baumarten. Der Plan, auch die einzelnen Grabfelder in lichte Waldstücke umzuwandeln, fand jedoch keine Zustimmung. Es gibt ein Zitat von Erwin Barth, das seine Ideen gut zusammenfaßt: „Der Anblick von Grabfeldern, bedeckt mit Kreuzen muss vermieden werden, statt dessen müssen schöne Strauchgruppen und schattenspendende Bäume in künstlerischer Zusammensetzung uns an das Werden, Vergehen und Wiederauferstehen in der Natur erinnern."

Eine später notwendige Erweiterung wurde von Harry Maasz geplant, einem in Lübeck tätigen damals sehr geschätzten Gartengestalter.

Nach der Vorstellung des Gartenarchitekten sind die einzelnen Grabfelder durch Hecken getrennt, die die schmaleren Wege jeweils zu beiden Seiten säumen. Dabei wechseln die Gehölzarten, zum Teil sind es Buchen- oder auch Eichenhecken, an vielen Stellen immergrüne Eibe. Einige Wege wurden auch mit Baumreihen bepflanzt, hier war es vor allem die

weißstämmige Birke, die etwas zierlicher war und weniger Schatten warf. Auch die Felder selbst sollen keine einförmigen Gräberflächen sein, überall finden sich in ihnen unterschiedliche Solitärbäume. Die ursprüngliche Idee Barths, die Menschen, die dort ein Grab erwarben, sollten diese nicht nur mit Blumen oder einem kleinen Busch bepflanzen, sondern auch mit Bäumen, ließ sich allerdings nicht durchsetzen. So wurden nur seitens der Friedhofsverwaltung an geeigneten Stellen solche Bäume angepflanzt.

Die Hauptwege sind als Alleen ausgestaltet, auf den breiten Rasenstreifen rechts und links wachsen Eichenreihen, aber auch Linden. Andere Wege werden von hohen Tannen begleitet. Jenseits des großen Rundweges sind verschiedene Gehölze gepflanzt. Vor allem die Rhododendronbüsche verhelfen dem Friedhof zu einem parkartigen Aussehen.

Aus dem niederen Gehölz wachsen immer wieder Baumgruppen heraus, vor allem Kiefern, Fichten und Tannen bieten ein abwechslungsreiches Bild. Teils sind auch an geschwungenen Pfaden durch diese Buschgruppen einzelne Gräber jenseits der großen Felder mit ihren Reihengräbern angelegt.

Am äußeren Rand, vor allem nach Norden am teils steilen Hang zum Landgraben hin, finden wir einen ausgeprägten Waldgürtel, in dem seit kurzem auch eine Art Friedwald entstanden ist: Zu Füßen einzelner Bäume werden Urnengräber im Waldboden angeboten, kleine Holzpfähle tragen Bronzetafeln mit den Daten der hier Bestatteten.

Da die Bürgerschaft zunächst den Bau einer Kapelle ablehnte, mußte die noch vor Eröffnung der Anlage bereits im Mai 1907 fertiggestellte Leichenhalle für Trauerfeiern genutzt werden. Sie lag am südwestlichen Ende der großen Allee, die vom Vorplatz aus zu beiden Seiten ausging.

Heute dient sie als Kolumbarium. Der stimmungsvolle Vorraum ist mit einem vom Jugendstil beeinflußten Deckengemälde ausgestattet. Dahinter lagen die Leichenzellen, deren vordere nun für die Unterbringung der Urnenschränke umgebaut wurden. Am 9. März 2011 konnte das Kolumbarium eingeweiht werden. Den Angehörigen ist auch außerhalb der Öffnungszeiten ein Zugang möglich.

Erst im Mai 1909 konnte dann auch die heutige Kapelle 1 eingeweiht werden. Dieser Bau war ebenfalls dem Reformwillen des damaligen Bauinspektors Carl Mühlenpfordt zu verdanken, der in Lübeck konsequent den sog. Heimatschutzstil vertrat. Vorbild waren ihm die Backsteinkirchen in den Dörfern Norddeutschlands. Das gilt auch für seinen Entwurf für ein Krematorium, das 1910 im nordwestlichen Flügel des Schmetterlings errichtet wurde. Über dem Ofenraum platzierte er eine hohe Trauerhalle, die ebenfalls einem Kirchenschiff nachempfunden war. Von dort konnte der Sarg dann direkt nach unten versenkt werden.

Wie wir schon sahen, haben die christlichen Kirchen jahrhundertelang die Einäscherung von Verstorbenen vehement abgelehnt. Dagegen aber hatte ein kämpferischer Verein für Feuerbestattung in Lübeck durchgesetzt, daß auf dem neuen Friedhof auch eine Möglichkeit der Leichenverbrennung geschaffen werden sollte. So beschlossen Senat und Bürgerschaft 1909 den Bau eines Krematoriums, zumal der Verein finanzielle Hilfen zusagte, und bereits im Mai 1910 konnte eine erste Feuerbestattung durchgeführt werden. Natürlich berichtete auch die Presse davon, und die „Lübeckischen Anzeigen" schrieben ganz im Stil jener Zeit: Am Schluß der Feier „senkte sich der Baldachin mit dem kranzgeschmückten Sarg mit ersten stimmungsvollen Klängen des Harmoniums ganz allmählich in den Verbrennungsraum hinab, wo des Feuers unbezwingliche Macht...die...Arbeit... bewältigte."

1926 war der Friedhof weitgehend belegt, so daß eine Erweiterung erforderlich wurde. Wieder war es ein anerkannter Gartenarchitekt, der den Entwurf fertigte: Harry Maasz, der auch den Lübecker Schulgarten und den Ehrenfriedhof gestaltete. Er wählte für die Vergrößerung eine streng systematische rechtwinklige Anordnung der Hauptwege, seitlich der beiden verlängerten Längsachsen des alten Teils. Am Ende der nördlichen Achse entstand 1958 die Kapelle 2, nachdem der Friedhof nach dem 2. Weltkrieg noch zweimal vergrößert werden mußte.

Zeichnet sich der Burgtorfriedhof durch die vielen monumentalen Erbbegräbnisse aus, so finden sich auf dem Vorwerker Friedhof eine Reihe von Gedenkstätten, vor allem von Opfern des zweiten Weltkrieges, die wir kurz im Einzelnen vorstellen wollen.

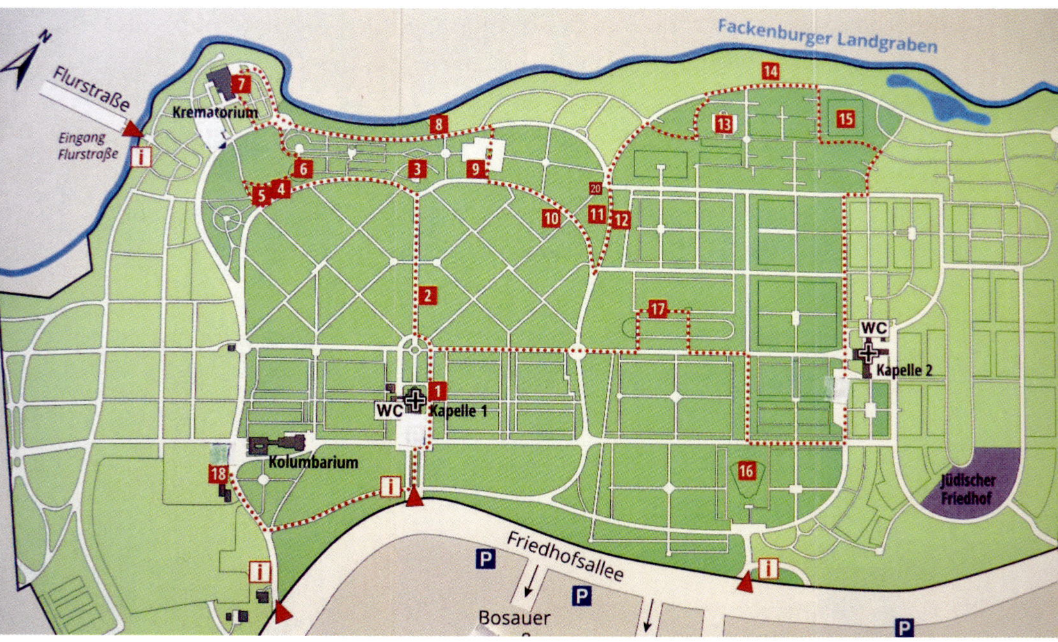

2	Gräber deutscher Soldaten	**12**	Gedenkstätte der Esten
3	Gedenkstätte der Letten	**13**	Ehrenfriedhof der Niederländer
4	Erinnerungsstätte für die Opfer von Krieg und Gewalt	**15**	Polnische Kriegsopfer Tote KZ-Häftlinge
5	Stele Familie Brinkmann	**16**	Ehrenfriedhof sowjetische Kriegsgefangene
8	Gedenkstätte der Litauer	**17**	Grabstätte Bombenopfer und Heimatvertriebene/DRK-Feld 2
10	„Die Hände“ Grabstätte der DRK-Schwesternschaft	**18**	Gedenkstätte der Ukrainer

Verteilt im hinteren Bereich, erinnern Gedenksteine an die Toten der drei baltischen Länder Estland [12], Lettland [3] und Litauen [8] sowie der Ukraine [18]. Dabei sind das estnische und das litauische Mahnmal reine Erinnerungssteine, zu Füßen der lettischen und ukrainischen ruhen dagegen auch Tote, in deutschen Lagern umgekommene Zwangsarbeiter. Ursprünglich auf dem Vorwerker Friedhof bestattete Kriegsopfer aus Großbritannien, Frankreich, Belgien und Norwegen wurden auf Anordnung der britischen Militärregierung in ihre Heimatländer verlegt.

Eine besondere Anlage dagegen hat das Königreich der Niederlande geschaffen [13]: Die niederländische Regierung hat für ihre Kriegstoten in Westdeutschland einheitlich gestaltete Grabfelder angelegt, so auch zwischen 1952 und 1956 auf dem Vorwerker Friedhof. Hier ruhen alle Niederländer aus Schleswig-Holstein und Berlin. Ein offizieller Vertrag mit der Bundesrepublik regelt die Grabpflege durch die jeweilige Friedhofsverwaltung.

Ein ähnliches Feld wurde für die 183 KZ-Häftlinge geschaffen, die auf dem Todesmarsch von Neuengamme nach Neustadt im Raum Lübeck oder vor der Einschiffung in Neustadt ums Leben kamen. Die meisten von ihnen ruhen hier namenlos. Gegenüber sind vor allem polnische, aber auch russische Kriegstote bestattet, letztere vor allem Zwangsarbeiter [15].

Die russischen Soldaten, die in der Kriegsgefangenschaft verstarben, wurden dagegen auf einem anderen Feld zusammengeführt und ruhen noch immer unter dem ehemals roten Sowjetstern, den die russische Militärmission dort auf einem hohen Obelisken anbringen ließ [16].

M.KRAL
1920 - 1943
S.MLYNARCYK
1922 - 1943
W.KOLERNIKOWA
1923 - 1944
O.WERETSCHAK
1944
P.KRISJUK
1925 - 1944
T.POLOSUCHISA
1909 - 1944
A.HORBA

POLAKOM
ZMARŁYM
NA
OBCZYŹNIE
W LATACH
1939-1945
RODACY

Es gibt daneben auch Gräber mit deutschen Kriegsopfern. Einerseits sind es Soldatengräber, die zu beiden Seiten der zentralen Mittelachse hinter Kapelle 1 angelegt wurden [2]. Zwei dieser Gräber wurden erst viel später hinzugefügt: Dort ruhen zwei unbekannte Marinesoldaten, die man erst 2001 aus einem Klein-U-Boot geborgen hat, das in der Ostsee entdeckt wurde. Direkt hinter der Kapelle befinden sich außerdem Soldatengräber aus dem 1. Weltkrieg.

1943 wurde Hamburg schwer von einer Serie alliierter Bombenangriffe getroffen, und nach Kriegsende kamen zahllose Flüchtlinge aus den Ostgebieten in die Hansestadt. Sie alle sind letztlich ebenso Opfer des Krieges. Mindestens 50 Hamburger wurden hier in Lübeck bestattet, weil man sie dort nicht fristgerecht begraben konnte. Neben ihnen ruhen rund 1.000 Heimatvertriebene, die die Strapazen der Flucht nicht überlebten. Ihre Namen hat man kleinen Keramiktafeln anvertraut, die nun auf den vielen Betonstelen des Feldes angebracht sind [17].

Kurz nach Kriegsende beschloss der Lübecker Senat, eine zentrale Gedenkstätte für alle Opfer von Krieg und Gewaltherrschaft zu schaffen, die 1950 eingeweiht werden konnte. Die Anlage hat die Form eines Atriums.

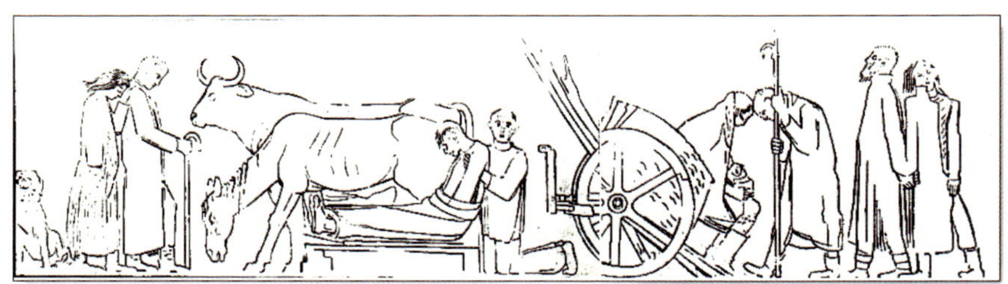

Um ein immergrün bepflanztes Feld in der Mitte ziehen sich Wände, deren Innenseiten von dem Künstler Walther Jahn in Kratzputztechnik gestaltet wurden: In den Strichzeichnungen gestaltete er verschiedene Szenen, die das höchst unterschiedliche Leiden der Menschen unter der totalitären Herrschaft darstellen. In das bepflanzte Feld eingelassen sind Steintafeln mit den Namen Lübecker Widerstandkämpfer. Unmittelbar gegenüber dem südlichen Eingang findet sich ein besonderer Gedenkstein im Boden.

Unter der Überschrift „Dem namenlosen Opfer“ findet sich diese Inschrift: „denen die in deutscher und in fremder *Erde* fern der Heimat ruhen / denen die des *Feuers* Glut verzehrte und die durch giftige Gase das Leben lassen mussten / denen die des *Wassers* Gier verschlungen und den Tod in den Wellen fanden / denen die die *Luft* bezwangen und ihrem Schicksal – gleich dem Ikaros – verfielen [4].

Direkt neben der Gedenkstätte findet sich am Hang eine schlichte Stele, die an eine Lübecker Familie erinnert, deren Mitglieder alle im Widerstand tätig waren: „ Die sozialistische Arbeiterfamilie Emilie + Heinrich Brinkmann mit ihren acht Söhnen trat von 1933 bis 1945 kompromißlos und unerschrocken gegen die nationalsozialistische Diktatur ein. In der Illegalität in Deutschland und in den Widerstandbewegungen in Spanien, Dänemark, Norwegen und Frankreich kämpften sie für unsere und die Befreiung Europas. Fünf der Söhne verbrachten 36,5 Jahre in Zuchthäusern und Konzentrationslagern. Erst 1945-46 kehrten sie nach Lübeck zurück“ [5].

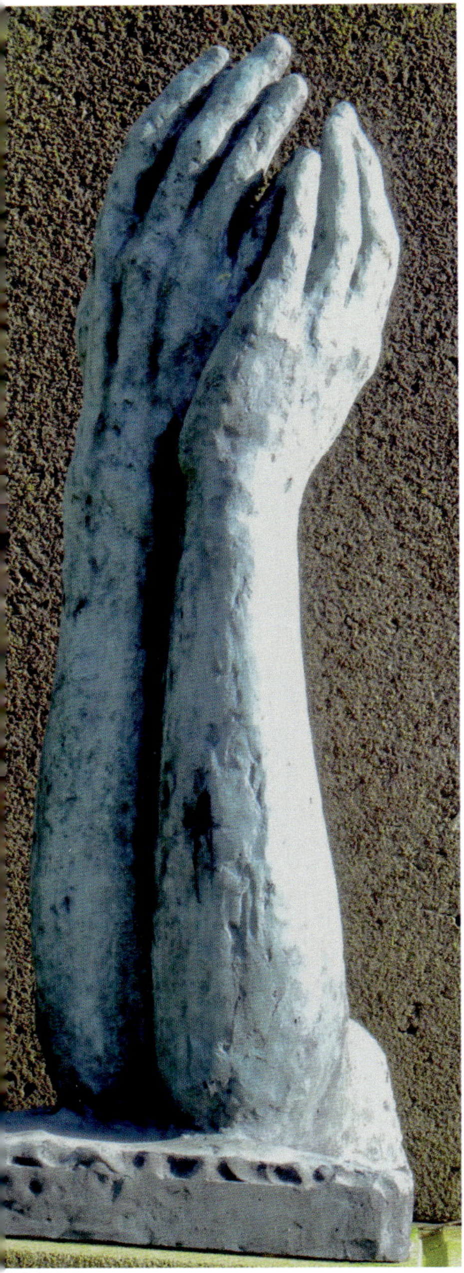

Eher ein Heldengedenkmal haben die ehemaligen Schüler der von Groszheimschen Privatschule ihren gefallenen Kameraden gesetzt, ursprünglich an einem anderen Platz, später an das Ende der Mittelachse als imposanten Blickfang versetzt.

Besondere Grablagen hat sich die Schwesternschaft des Deutschen Roten Kreuzes gesichert für die Frauen, die nicht an ihren Heimatorten bestattet wurden. Ein erstes Feld liegt am inneren Rundweg östlich der zentralen Achse [10]. Hier ruhen die oft unverheirateten Schwestern zu Füßen eines ansprechenden Denkmals.

Die von 1934 bis 1946 amtierende Oberin Ottilie Schäfer war zugleich gelernte Bildhauerin. Auf ihre Anregung hin wurde die Plastik „Hände" ihres Lehrers Georg Kolbe auch für die Stele auf dem Vorwerker Friedhof verwendet als Sinnbild für die fürsorgenden, helfenden Hände der Pflegerinnen. (Dabei hatte Kolbe die Hände seiner Frau ohne Bezug zur Schwesternschaft abgebildet) Eine zweite Grabanlage wurde am Rande des großen Feldes mit den Bombenopfern eingerichtet, als die erste voll belegt war. [17] Hier war es eine Schülerin der Bildhauerin Ottilie Schäfer, Walli Gebhard-Linke, die das Motiv der Hände abgewandelt für die Gestaltung des Grabmals aufnahm.

Schon ein erster Blick genügt, um einen einschneidenden Wandel in der Bestattungskultur zu erkennen: Seit Jahrzehnten geht die Zahl der Sargbeisetzungen zurück, dafür nehmen Urnengräber immer mehr zu. Und weil auf dem Platz für eine Erdbestattung im Grunde acht Urnen beigesetzt werden könnten, schrumpft auch die benötigte Fläche aller Friedhöfe. Hinzu kommt eine wachsende Zahl von Seebestattungen und die steigende Nachfrage nach naturnahen Urnenplätzen in den Friedwäldern, die den herkömmlichen Friedhöfen Konkurrenz machen. Auf das alles gilt es also zu reagieren. So wurde bereits die ehemalige Leichenhalle zum Kolumbarium umgestaltet, wie schon berichtet.

Seit längerem bestehen unterschiedliche Urnenfelder: Zunächst die früher sehr begehrte anonyme Bestattung „unter dem grünen Rasen," die keinerlei Hinweise auf die hier Beerdigten aufweisen, aber eine zentrale Stelle für Blumen und Gedenkgaben.

Daneben gibt es natürlich Grabfelder mit einfachen Reihengräbern, auf denen sowohl stehende als auch liegende Grabsteine möglich sind, aber auch besonders gestaltete Felder wie zum Beispiel hier der „Garten der Erinnerung“

Ein weiteres Angebot sind Urnengemeinschaftsgräber, auf denen ein künstlerisch gestaltetes zentrales Grabmal alle Namen der hier Bestatteten trägt. Die Baumgrabstätten im Waldgürtel entlang des Landgrabens wurden bereits erwähnt.

Mit mehreren thematisch gestalteten Urnenfeldern ist ein ganz neues Angebot hinzugekommen. Zwischen den Eingängen 1 und 2 an der Friedhofsallee sind sechs verschiedene Bestattungsgärten entstanden, die weitgehend bereits voll belegt sind: Da gibt es neben einem „Findlingsgarten", in dem nur Natursteine zugelassen sind, einen maritim gestalteten „Heimathafen" und ein Grabfeld unter dem Namen „Strandgut". Ein „Garten der Lichter" vereint Urnen- und Sargbestattungen, um eine Engels-Statue herum liegt der „Engelshain" und daneben

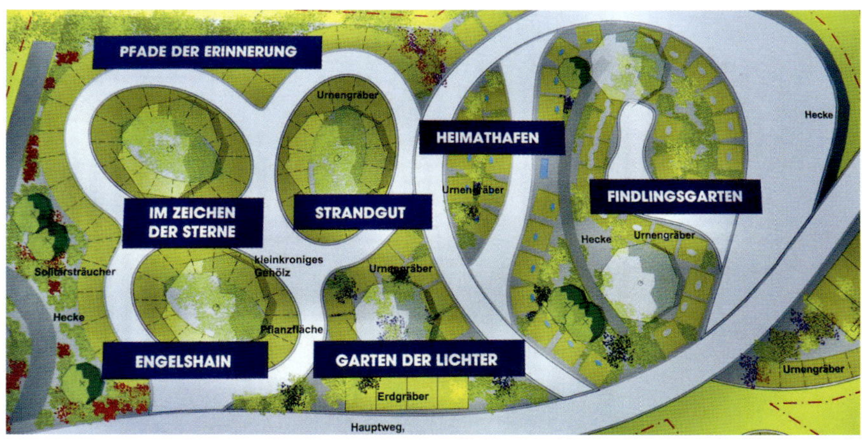

ein Feld „Im Zeichen der Sterne“ – alle von ringförmigen Wegen umrahmt. Entsprechend der Thematik sind auch die jeweiligen Grabsteine sowie eine zentrale Skulptur gestaltet. 2021 wurde ein weiterer Bestattungsgarten eröffnet, der um die Gestalt der antiken Göttin Flora herum angelegt ist.

Eva Voß

Dennoch ist eine Reduzierung der Friedhofsgröße unumgänglich. So plant die Friedhofsverwaltung, weite Flächen in Zukunft stillzulegen. Dann wird der Vorwerker Friedhof wohl in einigen Jahrzehnten nur noch den alten „Schmetterling“ um die Kapelle 1 umfassen. Dabei bleibt zu hoffen, daß die schönen Parkanlagen mit ihrem schützenswerten Baumbestand im nördlichen Teil trotzdem als Naherholungsgebiet erhalten bleiben.

6. Lübecks jüdische Friedhöfe

a. Der Moislinger Friedhof
Zugang (nur mit Führung) Niendorfer Str. 45;
Haltstelle: Oberbüssauer Weg - Linien 5, 7, 11, 12

An der Niendorfer Straße im Stadtteil Moisling liegt hinter einer hohen Ziegelmauer der älteste jüdische Friedhof der Stadt. Seit 2012 wird er nicht mehr belegt, denn es ist mittlerweile kein Platz mehr für weitere Gräber. Niemals käme ein Mensch jüdischen Glaubens auf die Idee, einfach die Toten übereinander zu schichten, wie es die Christenmenschen ja taten,

oder ein Grab nach einer gewissen Zeit wieder neu zu belegen, wie es die heutige Friedhofsverwaltung tut. Jedes jüdische Grab soll unangetastet bleiben bis zur Ankunft des Messias und zum Endgericht über die Menschheit. Also stehen auf jüdischen Friedhöfen oft uralte Steine inmitten von Gras oder niederem Gebüsch, denn auch gepflegte Grabhügel mit Blumenschmuck waren lange verpönt. Einzige Gaben trauernder Angehöriger waren lange kleine Steine, die sie auf die Kante des Grabsteins legten. Insgesamt gibt es mehr als 1000 Gräber. Im ältesten Teil sind die Grabsteine oft eingesunken oder stehen schräg, ihre Inschriften sind in hebräischer Sprache verfaßt, erst später wurden sie dann zweisprachig, also zugleich hebräisch und deutsch.

Ältester erhaltener Grabstein, 1734

Daß wir diesen Friedhof gerade in dem alten Gutsdorf Moisling finden, hat seine Geschichte: Jahrhundertelang war die freie Stadt des Reiches Lübeck für Juden verschlossen, bis auf wenige Ausnahmen, jeweils einen oder zwei Schutzjuden, durften sie nicht innerhalb ihrer Mauern wohnen, und wenn man zeitweise jüdischen Hausierern den Zutritt erlaubte, so hatten sie doch vor Torschluß die Stadt wieder zu verlassen.

Ihre Bleibe war eben Moisling, das zwar einen Lübecker Patrizier als Besitzer hatte, den Bürgermeister Gotthard von Höveln, aber außerhalb des Lübischen Hoheitsgebietes auf herzoglich holsteinischem und damit dänischem Territorium lag. Dort hatte von Höveln im Jahre 1656 mehrere jüdische Familien aus Polen aufgenommen, die vor laufenden Verfolgungen durch Kosaken geflohen waren. Im Gegensatz zu Lübeck war Däne-

Grabstelen Salomon und Esther Carlebach

mark weitaus judenfreundlicher, nicht nur die Ansiedlung von Juden war erlaubt, sondern ihnen wurde auch freier Handel zugesichert. Der endete allerdings am Holstentor, denn der Rat verbot schon 1658 den Hausierhandel durch die Moislinger Juden in der Stadt. Der dänische König Christian dagegen erlaubte 1686 offiziell den Moislinger Juden den Bau eines Bethauses und die Anstellung eines Rabbiners sowie die Anlage eines eigenen Friedhofs, auf dem ein Jahrhundert lang auch die Juden, die später in Lübeck lebten, bestattet wurden. 1724 wurde dort die erste Bestattung vorgenommen.

Hier ruhen auch einige Angehörige der bekannten Rabbinerfamilie Carlebach: Zum Beispiel Dr. Salomon Carlebach und seine Frau Esther. Sie starb 1910, ihr Gatte 1919. Er war ein konservativer Mensch in beiderlei Hinsicht: Von seiner jüdischen Gemeinde forderte er Treue zur Religion der Väter, aber zugleich auch ein unbedingtes Bekenntnis zum geliebten deutschen Vaterland. Esther gebar ihm zwölf Kinder. Daneben aber schrieb und veröffentlichte sie nicht nur Gedichte, sondern auch einen Erziehungsratgeber, unterrichtete an der jüdischen Schule und leitete den jüdischen Frauenverein. Salomon war auch politisch tätig: von 1877 bis 1895 war er Abgeordneter der Lübecker Bürgerschaft. Neben weiteren Carlebachs ist auch Salomons Vorgänger und Schwiegervater Rabbi Alexander Adler hier bestattet, ebenso die Eltern des 1934 im KZ ermordeten Schriftstellers und Anarchisten Erich Mühsam.

Im hinteren Teil wurde nach dem Krieg ein Gräberfeld mit etwa 80 Toten aus dem KZ Bergen-Belsen angelegt. Sie starben in Lübeck und gehörten zu einem Transport, der die Überlebenden nach Schweden bringen sollte. Ein besonderer Stein dort erinnert außerdem an 38 unbekannte jüdische Häftlinge, die im KZ Neuengamme ermordet und hier beigesetzt wurden. Außerdem wurde eine Gedenkstätte für alle jüdischen Holokaust-Opfer zwischen 1933 und 1945 errichtet.

Grabmal Rosalie und Siegfried Mühsam

Anrührend sind drei Gräber von Kindern, die kurz nach der Geburt verstorben sind. Ihre Eltern gehörte zu jenen Juden aus Südfrankreich, die mit dem Schiff „Exodus“ 1947 illegal in Palästina einreisen wollten und von den Briten als damalige Mandatsmacht zurückgebracht wurden, dort aber nicht an Land gehen wollten. So kamen sie letztlich nach Lübeck, um im ehemaligen Flüchtlingslager Pöppendorf interniert zu werden.

Die 1861 erbaute kleine Friedhofshalle wurde 1910 durch eine größere ersetzt. Das Gebäude hielt sich streng an jüdische Vorschriften: Da ein Toter als unrein galt und der amtierende Priester – jetzt der Rabbiner an seiner Stelle – sich nicht verunreinigen darf, wenn er mit einem Verstorbenen unter einem Dach ist, wurde auch die Kapelle zweigeteilt: Die größere Versammlungshalle und der kleinere Anbau für den aufgebahrten Toten erhielten zwei voreinander getrennte Dächer. Nicht einmal Bäume durften deshalb die Kapelle „überdachen“. 1927 wurde die Backsteinmauer zur Straße hin aufgeführt. Da auch der Friedhof selbst als unrein galt, gab es am Eingangstor eine Gelegenheit, sich durch Händewaschen zu reinigen.

Waren es anfangs nur schlichte Sandsteinplatten mit kurzen Inschriften, glichen sich später die jüdischen den allgemeinen (christlichen) Sitten an: richtige Grabsteine aus verschiedenen Materialien, lange, die Verstorbenen ehrenden Texte, eingemeißelt oder auf zusätzlich angebrachten Tafeln, jetzt zweisprachig in Hebräisch und Deutsch.

1944 erzwangen die Nazis den Verkauf des Geländes an die Stadt, die sog. Reichsvereinigung der Juden, ein vom Reichssicherheitshauptamt eingerichtete und kontrollierte Körperschaft, der alle Juden angehören mußten und die das Eigentum der Gemeinden verwaltete, bot den Friedhof der Stadt an; doch dann wurde jüdisches Eigentum eingezogen, und der Verkauf geschah durch die nun zuständige Reichsfinanzverwaltung. Dennoch blieb der Friedhof unversehrt, bis er 1953 an die jüdische Treuhandgesellschaft zurückgegeben wurde, die erbenloses jüdisches Eigentum verwaltete und den Friedhof 1960 an die jüdische Gemeinde im Hamburg übergab. Erst 2001 wurde in Lübeck wieder eine eigene Gemeinde gegründet, die 2005 auch den Friedhof wieder übernahm.* Allerdings mußte der Friedhof 2012 geschlossen werden, da kein Platz für weitere Grabstellen mehr zur Verfügung stand.

* Ausführlich berichtet über die beiden alten jüdischen Friedhöfe in Lübeck: Albrecht Schreiber, Über Zeit und Ewigkeit. Die jüdischen Friedhöfe Lübecks, Kleine Schriften zur Stadtgeschichte Heft 4, 1988, ISBN 3-7950-3103-6

b. Friedhof „Morier Straße“ (Stockelsdorf)
Zugang: Segeberger Str. 15 (Tordurchfahrt zum Parkplatz, dort am äußersten Ende der Eingang), Haltestelle: Reinsbeker Straße - Linie 9

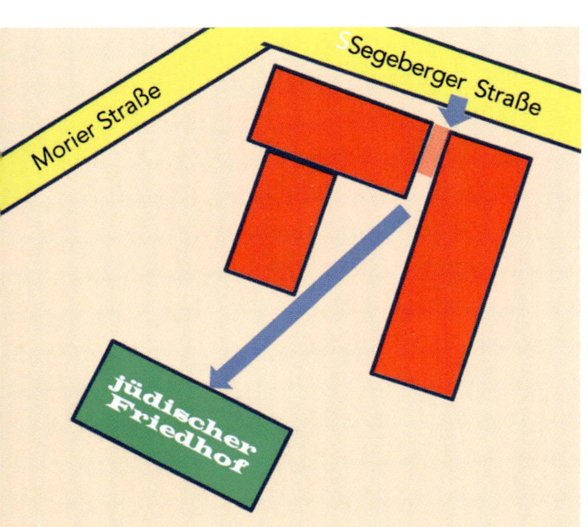

Bereits seit 1799 hat es übrigens einen zweiten jüdischen Friedhof ganz in der Nähe gegeben. Auch wenn er in der heutigen ostholsteinischen Gemeinde Stockelsdorf liegt, so befindet er sich doch unmittelbar an der Stadtgrenze Lübecks und soll deshalb ebenfalls hier erwähnt werden. Er liegt offiziell an der Morier Straße. Dort hatte der damalige Verwalter des Gutes Mori namens Philibert Fack eine neue Siedlung gegründet, die er Fackenburg nannte und in der sich auch Juden ansiedeln durften. Ebenso wie Moisling kam zwar der Hof Mori später zu Lübeck, nicht jedoch der Ortsteil Fackenburg. Der Friedhof mit rund 35 Grabsteinen auf einem Rasenfeld besteht auch heute noch, auch wenn die letzte Bestattung dort 1819 stattfand, denn jüdische Friedhöfe heißten nicht umsonst „Haus der Ewigkeit".*

* Wer über diesen Friedhof mehr erfahren will, sei auf folgende Veröffentlichung hingewiesen: Rolf Verleger, Nathanja Hüttenmeister (Herausgeber), Haus der Ewigkeit...Der jüdische Friedhof Stockelsdorf, 1999, ISBN 978-3947064052

c. Friedhof „Schönbökener Weg“ (aufgegeben)

1810 erlaubte der Senat der damals zum Napoleonischen Kaiserreich gehörenden Stadt den Juden Wohnrecht in Lübeck, und viele zogen nun aus Moisling in die Stadt. Darum stellte 1810 der sog. Schutzjude Elkan Meyer Stern einen Antrag beim Senat, den Juden doch ein Grundstück zu übertragen, um auf städtischem Boden einen Begräbnisplatz einrichten zu können. Daraufhin „hat ein hochwürdiger Rat dekretiert.., einen ihm von den Herren des Marstalls näher anzuweisenden Distrikt von 40 Fuß Landes vor dem Holstentore... überlassen.“ Es war ein Grundstück am Schönbökener Weg, auf dem erstmals im Februar 1814 eine Bestattung stattfand und das dann bis 1884 (oder 1898) genutzt wurde, auch wenn nach 1815 im konservativen Lübeck den Juden viele der neuen Rechte wieder aberkannt wurden und eine Mehrzahl die Stadt erneut verließ.

Deshalb gab es auf dem kleinen Gelände letztlich gerade 37 Gräber auf 471 Quadratmetern. Es wurde danach zwar nicht weiter genutzt, doch die Grabstätten blieben. 1942 bietet notgedrungen die Reichsvereinigung der Juden das Gelände der Stadt zum Verkauf für 2 Reichsmark pro Quadratmeter an, die dann den „früheren jüdischen Friedhof an der Waisenallee in der Nähe der Schönböckener Straße“ im Juni 1944 auch übernimmt - vom Finanzamt, das inzwischen über das jüdische Eigentum verfügt. Da sollen schon keine Grabsteine mehr vorhanden gewesen sein, angeblich seien sie nach Moisling überführt worden. Anders als beim Moislinger Friedhof wird der kleine Friedhof nach 1945 nicht von der jüdischen Treuhand zurückgefordert, und 1963 löst die Stadt den Friedhof auch offiziell auf, um ihn der Fa. Beth Umwelttechnik für einen Fabrikneubau zu verkaufen. Heute ist er fast vollständig von diesem Gebäude überbaut.

Khf.

d. Jüdische Grabstätte Vorwerker Friedhof
Zugang: Friedhofsallee 83; Haltestelle: Vorwerker Friedhof Eingang 3 – Linie: 7

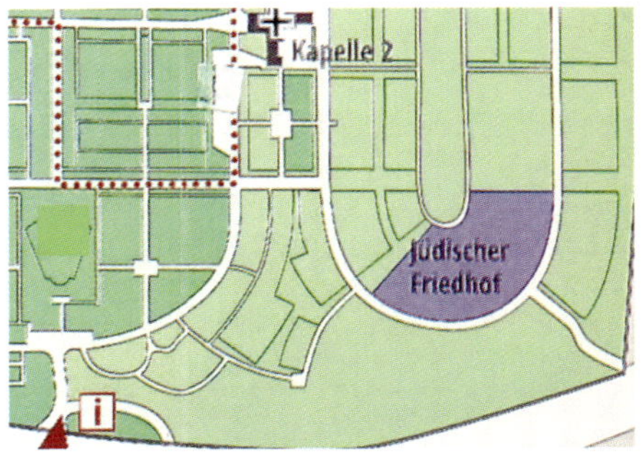

2012 stellte die Friedhofsverwaltung ein größeres Feld am Rande des Vorwerker Friedhofs der jüdischen Gemeinde für ihre Toten zur Verfügung, ganz in der südöstlichen Ecke der Anlage gelegen. Auch hier ist der Zugang verschlossen, doch Hecken und ein Gitterzaun erlauben den Blick auf die Grabstellen, die nun auch Grabplatten bzw. eingefaßte Kieselschüttungen vor den Steinen aufweisen.

Bildnisse eines Toten sind eigentlich ebenso untersagt wie Blumen auf der Grabstelle. Doch zu mindestens letztere haben offensichtlich auch den Weg auf jüdische Gräber gefunden

Auf fast allen Grabstelen erscheinen zwei hebräische Buchstaben: פ”נ – eine Abkürzung für die beiden Worte „po nikbar“ zu deutsch: „hier ruht“. Oft findet sich dort auch diese andere Buchstabenreihe: תנצב”ה. Sie steht für einen längeren Satz „Seine/ihre Seele sei eingebunden im Bund des Lebens“ Es ist ein Segenswunsch, mit dem David bedacht wird. Er findet sich in 1. Samuel 25, 29.

Übrigens ist die Grabanlage durch eine Buchenhecke zweigeteilt: Das östliche Areal ist allein für Menschen jüdischen Glaubens vorgesehen, wie es die orthodoxe Richtung bestimmt. Auf dem Nachbarfeld ist es auch nichtjüdischen Ehepartnern erlaubt, neben dem Gatten oder der Gattin zu ruhen.

7. Ehrenfriedhof

Zugang: Sandberg; Haltstellen: Ehrenfriedhof – Linien 8, 15, 30,31,32 – Hanseresidenz Linie 8, 12, 15

Schon im ersten Kriegsjahr 1914 plante der Senat einen Ehrenfriedhof ursprünglich für die Soldaten, die in den Lazaretten der Stadt verstorben waren, dann jedoch für alle Gefallenen Lübecks, soweit sie geborgen werden konnten. Der Auftrag ging an den Gartenarchitekten Harry Maasz, der nicht nur eine Begräbnisanlage schaffen wollte, sondern eine Gedenkstätte, „eine Wallfahrtsstätte für Lübecks Bewohner, ... um des großen Krieges und seiner siegreichen Helden in Rede und Sang zu gedenken." Deshalb plante er einen großen hufeisenförmigen Vorhof mit ein, den ursprünglich ein Obelisk schmücken sollte.

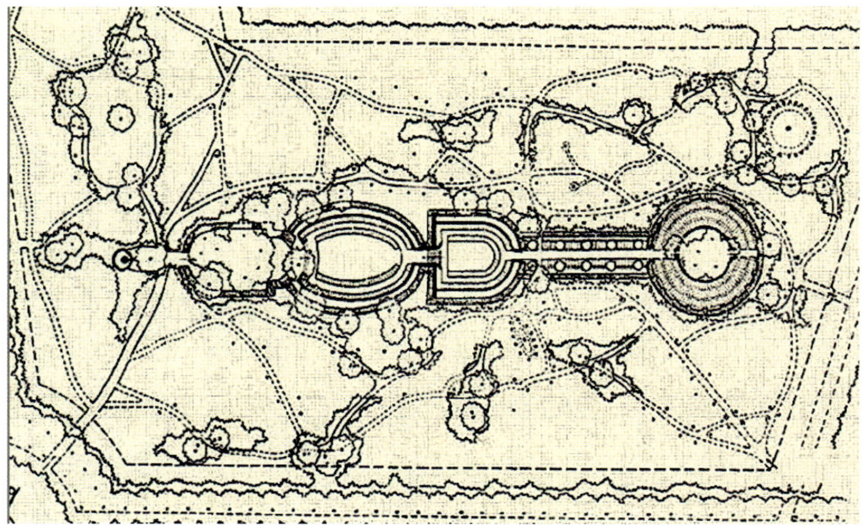

Als geeignetes Gelände ausgewählt wurde ein im Vordergrund mit einem Eichenhain bestandenes Waldstück, das dann in licht mit Buchen bewachsenes, hügeliges Gelände auslief - in Fortsetzung des Burgtorfriedhofs, jenseits der Straße Sandberg zwischen Travemünder Allee, Luisen-

straße und der Trasse der Hafenbahn. Maasz legte dort parallel zur Travemünder Allee in einer Senke eine lange Achse mit unterschiedlichen Höhen an. Anfänglich plante er, eingeschnitten in den umgebenden Wald, ein mittiges großes Oval (Grabfeld 1), dem zu beiden Seiten eine hufeisenförmige Fläche zugeordnet ist: Zum Sandberg hin der Vorhof, der dann durch ein mit dem Hanseatenkreuz geschmücktes Gittertor in das Oval führt, zur anderen Seite das zweite Feld (Grabfeld 2). Hecken sollten die Anlage vom Wald trennen. Er selbst schreibt dazu: „Die überzeugende Wucht scharf gefaßter Gartenräume innerhalb eines frei sich entfaltenden Baumbestandes, sei es Wald oder Park, liegt vornehmlich in den Kontrasten der Linien und Massen".

Die ganze Anlage war für den Weltkrieg 1914-1918 gedacht. An ihn erinnern auch die beiden Denkmäler: Auf dem Vorhof mit Blick in die Achse hinein steht breitbeinig und grimmig dreinblickend ein Mann im Soldatenmantel, mit Patronentaschen am Koppel. Den Stahlhelm hält er mit beiden Händen vor der Brust, was auch der Titel ausdrückt: „Helm ab zu Gebet" [1] Richard Kuöhl schuf die Statue 1924 aus Muschelkalk eigentlich zum Gedenken an die Toten des Infanterie-Regiments Nr. 162, des 3. Hanseatischen Regiments „Lübeck," ursprünglich bestehend aus Eingezogenen der drei Stadtstaaten, dann der preußischen Militärhoheit unterstellt. Die Truppe wurde im 1. Weltkrieg an der Westfront eingesetzt. Daran erinnert das steinerne Halbrund, das die Statue umgibt: Auf vier Tafeln wird an die

vier Kriegsjahre erinnert und die jeweiligen Einsatzorte des Regiments. Die Inschrift zu Füßen des Kriegers nennt auch die Zahl der dort Gefallenen: 85 Offiziere sowie 1755 Unteroffiziere und Mannschaften. Heute dient das Ehrenmal auch als Ort für die Gedenkfeiern am Volkstrauertag.

Vom Vorhof führt der Weg durch das bereits erwähnte Gittertor in das erste Gräberfeld, das von einer durchgehenden Rhododendronpflanzung gesäumt wird. Die umlaufenden Wege werden auf beiden Seiten von je einer Reihe in den Boden gelassener Kunststeinplatten gesäumt, unter denen sich die Gräber befinden. Ursprünglich lagen die mit Namen versehenen Platten angeschrägt auf mit Blumen bepflanzten Grabhügeln, 1960 wurden die Hügel eingeebnet und die Platten in eine Rasenfläche eingelassen.

Auf der gleichen Achse finden wir auf dem Rasenfeld des folgenden Halbrunds auch ein zweites Kriegerdenkmal, den sterbenden Krieger, 1919 von Fritz Behn aus einem recht flachen Block aus Muschelkalk gehauen. [4] Es zeigt einen männlichen Akt, nur mit einem Stahlhelm auf dem auf die rechte Schulter gesunkenen Kopf. Mit angezogenen Beinen sitzt er, die Rechte stützt sich quer vor dem Körper auf und hält dabei ein zerbrochenes Schwert in der Faust. Mit der linken Hand greift er zur Brust, als gälte es dort eine Wunde zu bedecken. Auch dieses Mahnmal hat keinen allgemeinen Auftrag, sondern soll an den 1915 gefallenen Hauptmann und Rechtsanwalt Dr. Hermann Küstermann erinnern. Gestiftet wurde die Plastik von seiner Witwe, die einen Zweizeiler des Lübecker Schriftstellers Otto Anthes für die Inschrift auf der Vorderseite des Sockels wählte. Dort lesen wir – in Großbuchstaben: „Der mir der Liebste war, ihm sei es ein Grüssen der Liebe, allen, die fielen wie er, schmerzlichen Dankes ein Mal."

1917 verlängert Maasz dann die Achse um eine „Gasse“ (heute Grabfeld 4), die auf eine abschließende kreisrunde Anlage (Grabfeld 3) zuführt.

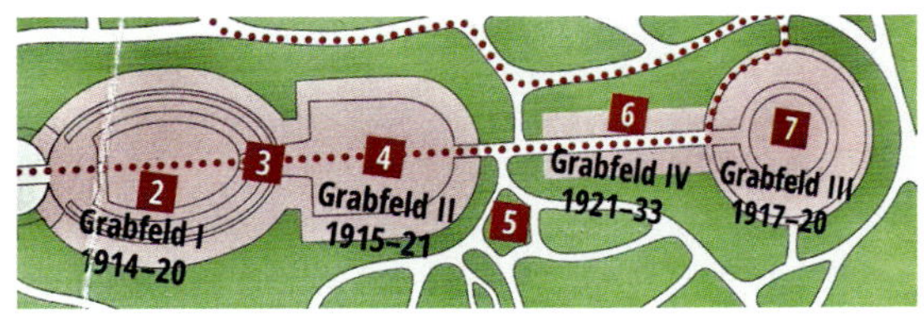

Der anschließende lange Achsenweg (Grabfeld 4 [sic!]) wird ebenfalls von Grabplatten gesäumt, allerdings nicht für Kriegsgräber, sondern als sog. Militärgräber, allgemein für Angehörige der Streitkräfte. Die Grabstätten wurden erst 1921 eingerichtet und bis 1933 belegt. Die „Gasse“ endet im Grabfeld 3, das vier Kreise für Namenssteine vorweist.

Das Rondell liegt ganz eingebettet in den umgebenden Wald. Hier ruhen 248 Soldaten, die zwischen 1917 und 1920 verstarben, meist in Lübecker Lazaretten. Insgesamt wurden auf dem Ehrenfriedhof rund 600 Tote des 1. Weltkrieges beigesetzt.

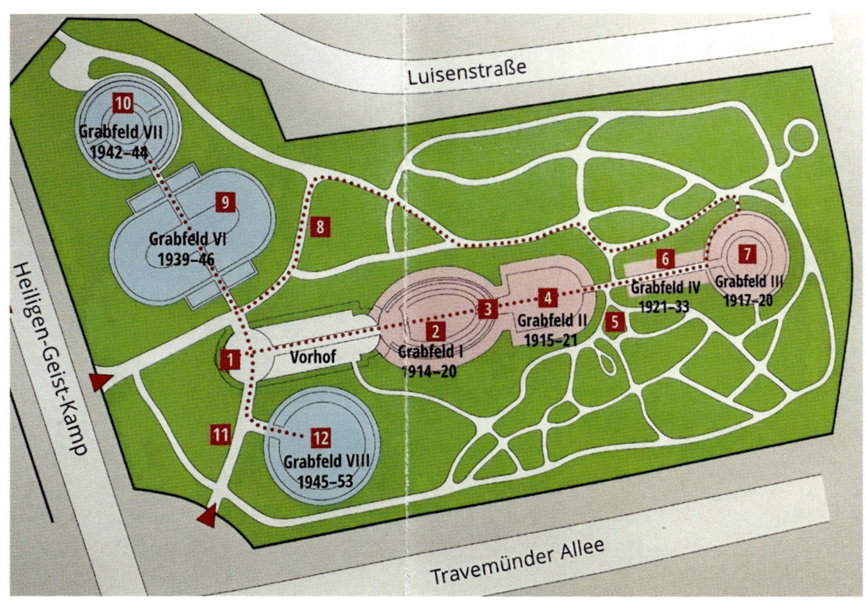

Der Wald zu beiden Seiten weist recht unterschiedliche Höhen auf, so daß eingeschnittene Talsohlen mit Hügeln wechseln. Das ganze Gelände ist von einem vielfach verschlungenen Netz von Wegen durchzogen, an denen die unterschiedlichsten Gedenksteine teils an Einzelpersonen, teils an Gruppen bzw. Truppengliederungen erinnern. Gräber gibt es hier nicht.

Im vorderen Teil wurden die Erinnerungsmale oft künstlerisch im Stil jener Zeit gestaltet, im hinteren Teil überwiegen weitgehend naturbelassene Feldsteine mit bereits verwitterten Inschriften, die an Menhire der Megalithkultur erinnern. Insgesamt sollen sich hier rund 350 Gedenksteine befinden.

Wir werfen noch einen näheren Blick auf die vielen unterschiedlichen Gedenksteine dort, die vor allem für Gefallene aus dem 1. Weltkrieg errichtet wurden. Nicht alle können hier vorgestellt werden, und manche

DEN UNSEREN, DIE IM
KAMPF 1914–18 FÜR DIE
HEIMAT DEN TOD FANDEN.
VEREIN EHEM. KAMERADEN
DES GARDE-KORPS LÜBECK.
1914–1918
DEM ANDENKEN
FÜR DAS VATERLAND
GEFALLENEN
BEAMTEN UND
EISENBAHN
UND
BUNDESBAHN
WELTKRIEGEN

Inschrift ist auch im Laufe der Zeit unleserlich geworden. Typisch für diese Zeit des reinen Heldengedenkens sind einige häufig wiederkehrende Symbole: Da finden wir den Stahlhelm und auch das Schwert, aber auch den Ehrenkranz aus Eichenlaub. Stets ist es ein heroischer Tod, der den Gefallenen zugesprochen wird, das elende Sterben im Schlamm der Schützengräben, der qualvolle Tod beim Sturm auf die feindlichen Linien - das alles wird hier ausgeblendet.

Es gab eine ganze Reihe von Vereinen oder Berufsverbänden, die mit einem Denkmal an die im Krieg Gebliebenen erinnern wollten. Es gab aber auch einzelne Familien, die mit einem Stein für Vater, Bruder oder Sohn einen Ort des Gedenkens haben wollten. Zwar bestanden recht strenge Vorschriften für die Gestaltung, dennoch sind sie eindrückliche Zeugnisse für den höchst unterschiedlichen Zeitgeschmack – aber ebenso für die Verklärung dieses Todes auf vielen Steinen. Man mag darin auch einen Versuch sehen, den sinnlosen Verlust in einem sinnlosen Krieg anzunehmen.

Je weiter wir in den Buchenwald hineinwandern, desto mehr treffen wir auf Erinnerungsmäler aus unbearbeitetem Felsgestein, hineingesetzt in die Hänge am Rand der Wege, die sich in weiten Schleifen durch das Gelände ziehen und uns einen fast mystischen Anblick gewähren, zu welcher Jahreszeit auch immer wir den Ehrenhain aufsuchen.

Vor allem im Frühjahr ist der Waldboden mit einem Meer von Frühblühern bedeckt. Anemonen wetteifern mit Lerchensporn und Scharbockskraut, weiß, blau und gelb leuchtet es überall zu Füßen der graugrünen Felsen.

Es gibt auf dem Ehrenfriedhof noch zwei weitere Gedenkorte der besonderen Art: Eine schlichte Steinplatte im Rasen des ovalen Feldes , unmittelbar vor dem Zugang zum nächsten Grabfeld, ist das Ehrengrab für den 1946 verstorbenen Schöpfer des Friedhofes Harry Maasz, das ein Goethe-Zitat auf dem flachen Stein trägt: „Alles geben die Götter, die unendlichen, Ihren Lieblingen ganz, Alle Freuden, die unendlichen, Alle Schmerzen, die unendlichen, ganz." [3]

Auf der Spitze des höchsten Hügels findet sich, halbkreisförmig gerahmt von einer niedrigen Feldsteinmauer, ein scharfzackiger Findling mit einer Bronzetafel, darauf die Inschrift: „Dr. Julius Leber, geboren 16.11.1891, hingerichtet 5. 1. 1945" und darunter der Vers „Aufrecht geht mir beizeiten, o Brüder", ein Zitat aus Nietzsches „Also sprach Zarathustra." [5]

Leber war Lübecker Redakteur und sozialdemokratischer Bürgerschafts- und Reichstagsabgeordneter, wurde 1933 bei einem Überfall von SA-Männern schwer verletzt. Von 1935 bis 1937 war er in verschiedenen Konzentrationslagern inhaftiert, blieb auch nach seiner Entlassung im Widerstand und war vom Kreisauer Kreis als Innenminister nach dem geplanten Putsch vorgesehen, wurde jedoch schon vor dem mißlungenen Attentat vom 20. Juli 1944 von der Gestapo verhaftet und vom Volksgerichtshof zum Tode verurteilt. Lebers Ehrengrab befindet sich auf dem Waldfriedhof in Berlin-Zehlendorf.

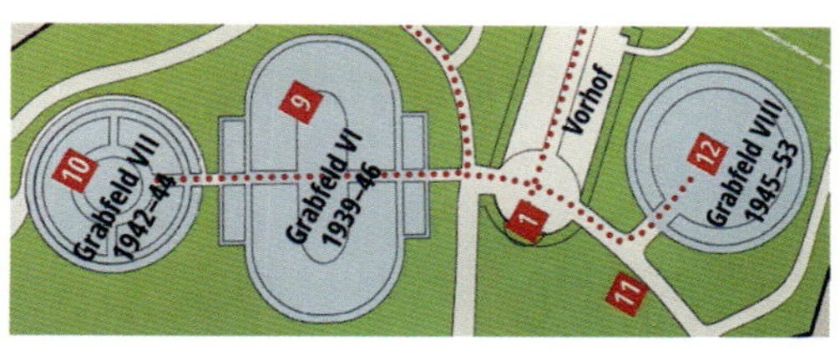

Für die Zeit 1939 – 1945 wurde eine völlig eigenständige Anlage dichter zur Straße „Sandberg" hin geschaffen. Geplant hat sie der Lübecker Baudirektor Hans Pieper. Sie ist ebenfalls achsial ausgerichtet und verläuft in etwa parallel zur Straße , wobei die neue Achse vom runden Vorplatz am Kriegerdenkmal in nordwestlicher Richtung ausgeht und zunächst eine Art Oval und dann ein Rondell durchschneidet. Die erste Freifläche (Grabfeld 6) nimmt 752 Begräbnisse von in den Jahren 1939 bis 1945 gefallenen bzw. in den beiden Lübecker

Lazaretts verstorbenen Soldaten auf. In langen Reihen stehen dort schlichte Holzkreuze mit Namen und Daten der Gefallenen, an den Rändern des Feldes finden wir dagegen drei Reihen Stelen aus Eichenholz unter einem Giebel, die in ihrer Form an die früheren Sargbretter erinnern. Entworfen hat sie ebenfalls Hans Pieper zur einheitlichen Gestaltung der Anlage. Die Kreuze gehen dagegen auf eine spätere behördlich vorgeschriebene Form für Kriegsgräber zurück. Dank einer Stiftung des Volksbundes Deutsche Kriegsgräberfürsorge von 1951 konnten 550 solcher Ehrenkreuze hier aufgestellt werden. Die Anlage umgrenzt eine in der Mitte stehende große Buche, neben der die Lübecker Baubehörde einen Obelisken als Gedenkstein gesetzt hat. Das war schon 1922 geschehen, das Ehrenmal blieb jedoch an dieser Stelle erhalten

Von dort geht es zu einem zweiten, kreisrunden Feld, auf dem vor allem die Toten des alliierten Bombenangriffs in der Nacht 28./29. März (Palmarum) 1942 bestattet wurden, obwohl es hier um zivile Opfer ging. Insgesamt ruhen hier 257 Opfer von zwei Bombenangriffen. Der Angriff vom März 1942 gilt als erstes alliiertes Flächenbombardement auf eine deut-

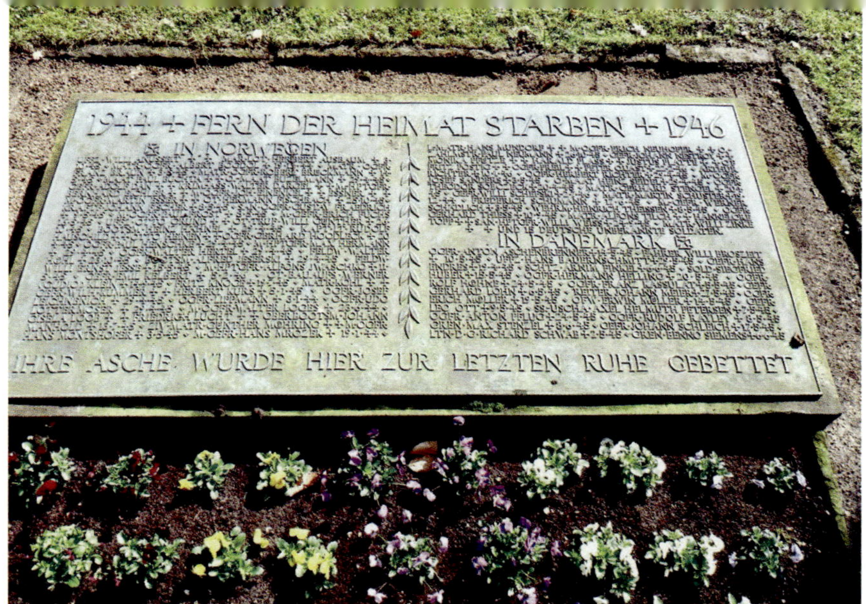

sche Großstadt (nach der gerade beschlossenen britischen Area Bombing Directive) und forderte neben mindestens 320 Toten auch 783 Verwundete und mehr als 15.000 Obdachlose. Über 3.600 Gebäude wurden ganz oder doch schwer beschädigt. Heute steht in der Mitte des Rondells als Mahnmal eine Kalkstein-Plastik mit dem Titel „die Mutter“, geschaffen 1963 von dem Bildhauer Josef Krautwald. Die überlebensgroße Frau preßt ein Kleinkind an sich, während sich ein zweites, größeres hilfesuchend an sie klammert. [10]

Ein weiteres Rondell liegt südöstlich des Vorhofs, ist allerdings nicht über eine Achsverlängerung zugänglich, sondern hat einen Zugang vom Hauptweg zum Eingang an der Travemünder Allee (Grabfeld 8). Es wurde 1945 angelegt und bis 1953 genutzt. Zwei Kreise mit Holzkreuzen, die über den Gräbern von fast 200 Kriegstoten stehen. Die zwei inneren Kreise mit 180 Liegesteinen sind dagegen keine Gräber, sondern Gedenkstätten für Tote, die während des Krieges an anderer Stelle zur Ruhe gebettet wurden. Hier haben Angehörige sich einen Erinnerungsort geschaffen. Eine besondere Anlage liegt nahe dem Eingang: ein Grabmal für 88 Urnengräber. In ihnen findet sich die Asche von Angehörigen der Kriegsmarine, die in Norwegen oder Dänemark gefallen sind. Deswegen wird dieses Grabfeld auch als Ort der „Norwegenfahrer“ bezeichnet.

Abschließend läßt sich sagen: Der Ehrenfriedhof ist nur zum Teil ein wirklicher Friedhof, also eine Ruhestätte für dort Bestattete. In weiten Teilen ist er dagegen ein Gedenkort, der an Tote erinnert, die an anderer Stelle ihre letzte Ruhe gefunden haben. So findet sich hier beides nebeneinander: Grabmäler und Denkmäler. Zugleich aber sollte man ihn als ein einziges großes Mahnmal verstehen, abseits von allen Lobpreisungen eines sogenannten Heldentodes. Mag hier auch an manchen erinnert werden, der vielleicht tapfer um seiner Kameraden willen den Tod auf sich genommen hat oder in der Überzeugung, es zum Schutz seiner Lieben daheim zu tun. Aber letztlich waren die meisten nur Opfer von Verführern und Ideologen, die sie in einen sinnlosen und oft grausamen Tod getrieben haben. Der Tod ist Schicksal aller, die einmal geboren wurden, und es ist gut, den Verstorbenen eine würdige Ruhestätte zu geben und ihnen ein empathisches Andenken zu bewahren. Doch nicht jeder Tod ist der Vergänglichkeit geschuldet, und nicht jedes Sterben sinnvoll. Darum sollten wir diesen Ort immer als Mahnung begreifen, daß die Menschheit Streit und Konflikte niemals durch Gewalt und Krieg lösen kann und lösen darf.

8. Friedhof Waldhusen

Zugang: Waldhusener Weg 2; Haltestelle: Friedhof Waldhusen – Linie 31, 39

Lange war Lübeck eine Stadt des Handels gewesen, erst spät hatte die Industrie hier Einzug gehalten: Da waren vor allem am Nordufer der Trave große Betriebe entstanden, Werften und ein Hochofenwerk, und alle brauchten Hunderte von Arbeitskräften. So entstanden rings um die alten Dörfer Siems und Kücknitz weitläufige Siedlungen, die bis an den Waldhusener Forst reichten. Als man dort 1909 zwei Kirchen für Protestanten und Katholiken errichtete, blieb kein Platz für einen Kirchhof, wie es bei Dorfkirchen üblich war. Der Eigentümer einer ausgebeuteten Kieskuhle nahe der Eisenbahnlinie nach Travemünde, der Dänischburger Hofbesitzer Wilhelm Eggers, schenkte das nutzlos gewordene Gelände den Landgemeinden der Stadt nördlich der Trave für einen neuen Friedhof.

Diese Dörfer, heute Stadtbezirke, gehörten bislang zur Kirchengemeinde Ratekau, waren dort aber ausgeschieden und der 1908 neugegründeten Kirchengemeinde St. Johannes in Kücknitz zugeordnet worden. Allerdings sollte angesichts der vielen im Hochofenwerk beschäftigten Katholiken nicht die evangelisch-lutherische Gemeinde Träger des neuen Friedhofs werden, sondern ein eigens gegründeter Friedhofsverband der fünf Landgemeinden. Deshalb ging der Friedhof erst 1929 in die Verantwortung der Stadt über. Damit lösten übrigens auch städtische Sargträger die ehrenamtlichen Träger ab, die sich bislang aus Angehörigen und Nachbarn eines oder einer Verstorbenen zusammenfanden.

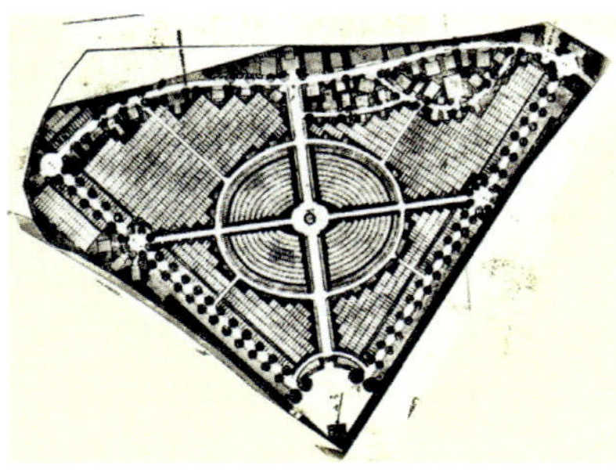

Wieder wurde Erwin Barth mit der Planung beauftragt, und er nutzte die Nähe des Waldes, um ihn auch auf den neuen Friedhof zu holen. Sein erster Entwurf hatte das Gebiet im Auge, das heute den nordwestlichen Zipfel des Friedhofs im Winkel zwischen Bahngleis und Waldhusener

Weg ausmacht. Von allen drei Seiten neigt sich das Gelände einer tiefer gelegenen Mitte zu. Dort legte er einen ringförmigen Weg als Mittelpunkt an, von dem vier Wege strahlenförmig in alle Richtungen ausgingen und in einem umlaufenden Weg endeten. [1]

Im Südwesten lag eine recht kleine Feierhalle, ursprünglich ein strohgedecktes Fachwerkhaus, deswegen fanden die Trauerfeiern oft in einer der beiden Kirchen statt. Sonst konnten sie meist nur im Freien vor dem ja vor allem als Leichenhalle genutzten kleinen Gebäude abgehalten werden.

Die erste Kapelle wurde erst 1950 gebaut, weitgehend mit Materialspenden der Industriebetriebe. Der freistehende Glockenturm kam sechs Jahre später hinzu. Da war der Friedhof bereits weiter nach Südosten hin erweitert worden. Die Kapelle bildet den Ausgangspunkt einer doppelten Achse mit Rasenbeet dazwischen, die auf ein großes Holzkreuz zuläuft. Zu deren Seiten liegen dann neue Grabfelder, nördlich eine besondere Grablage mit 172 Gräbern von Flüchtlingen des Zweiten Weltkriegs.

1945 war im Waldhusener Forst ein großes Barackenlager entstanden, das in den Jahren 1945 bis 1951 als Durchgangslager für eine Million Menschen diente: Wehrmachtsangehörige, deutsche Flüchtlinge und Zwangsaussiedler aus den Ostgebieten. Es war das größte Flüchtlingslager Schleswig-Holsteins. Viele der durch Hunger und Flucht geschwächten Lagerinsassen starben und mußten nun bestattet werden. Da die hölzernen Grabkreuze nicht mehr zu retten waren, erhielten diese Gräber auf Grund eines Zuschusses der Landesregierung 1985 neue Kreuze aus belgischem Hartkalkstein. [4]

Auf Betreiben des Gemeinnützigen Vereins für Kücknitz konnte 1956 am Ende der Achse von Kapelle 1 herkommend und somit nahe den Kriegsgräbern ein Mahnmal in Form eines hohen Holzkreuzes errichtet werden, das Mitte der 1980er Jahre – wiederum durch Spenden des Gemeinnützigen Vereins – durch ein neues ersetzt wurde. Auf der Freifläche vor dem Mahnmal finden die jährlichen Gedenkfeiern am Volkstrauertag statt. [6]

Eine erneute Vergrößerung füllte zwar den verbleibenden Rest im Süden aus, doch auf Grund des weiteren Wachstums des Stadtteils um die Großsiedlung Roter Hahn war eine grundlegende Erweiterung nötig. Dafür wurde das inzwischen eingezogene Gelände des Stadtgutes Kücknitz auf der anderen Seite der Bahnstrecke in Aussicht genommen. Zunächst vergab man es 1948 an Flüchtlinge für provisorische Kleingärten, doch wurden schon zahlreiche Baumpflanzungen vorgenommen, so daß sie bei Anlage des neuen Friedhofs bereits eine gewisse Höhe erreicht hatten. So verbindet heute nur eine schmale Fahrstraße unter der Bahn hinweg beide Friedhofsteile. Diese Unterführung mußte 1960 geschaffen werden, da ein früherer schienengleicher Bahnübergang geschlossen wurde. Für den neuen Teil war 1963 eine eigene Kapelle einschließlich Leichenhalle errichtet worden und mit einem großen Parkplatz im Osten der Gebäude ausgestattet. Westlich erstreckt sich eine große Rasenfläche mit einem umlaufenden Weg, an das sich ein großer ovaler Rundweg anschließt.

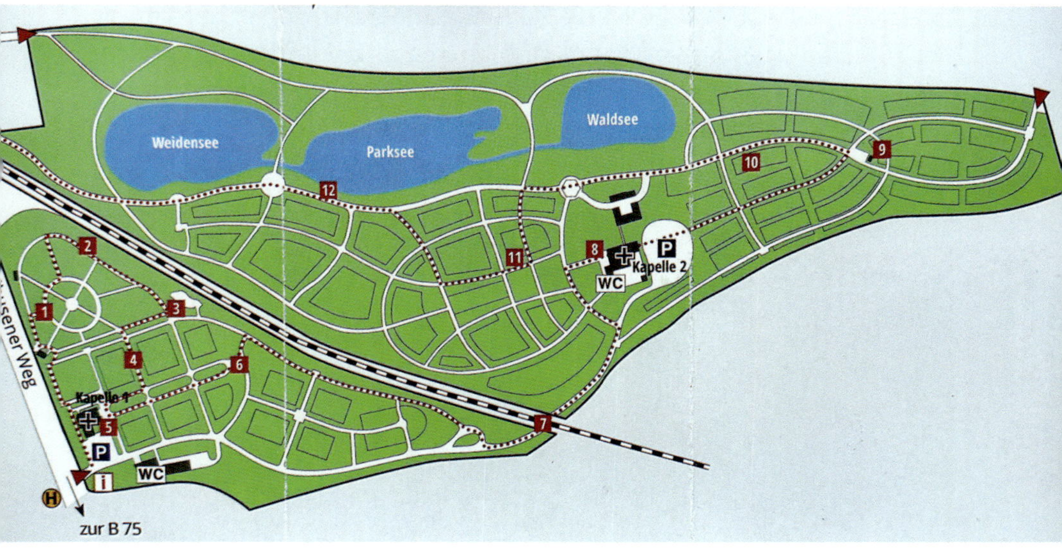

Hier ist der Friedhof tatsächlich parkähnlich gestaltet, geprägt durch einen durchlaufenden Hügel und eine Niederung mit drei großen Teichen, die am Rand des Forstes liegen. In diese Naturlandschaft hinein sind kleinere Grabfelder gelegt, überschattet von vielen Bäumen und getrennt durch Hecken und Gebüschgruppen. Wenn heute viele Grabstellen aufgegeben sind, erscheint das ganze Areal wie eine normale öffentliche Parkanlage. So soll auch dieser ganze Teil nördlich der Bahnstrecke nach einem Beschluß der Bürgerschaft vom Februar 2015 zukünftig geschlossen werden: Ab 2031 werden keine neuen Bestattungen mehr vorgenommen, vorhandene Grabstellen können allerdings noch bis Ende 2050 erhalten bleiben.

Das Gebiet rings um die drei Seen ist bereits geschlossen. Auch hier gilt die Hoffnung, die aufgegebenen Flächen nicht einfach aufzuforsten, sondern als öffentliche Parkanlage zu erhalten.

Eine Ausnahme bildet das erst 2000 nach vielen Verhandlungen eingerichtete Gräberfeld für muslimische Bestattungen ganz am östlichen Ende des Friedhofes, denn auch für muslimische Gräber gilt eine ewige Ruhezeit. So garantiert die Stadt eine unbegrenzte mehrfache Verlängerung als Wahlgrab. An der Kapelle 2 wurde für die im Islam vorgeschriebenen rituellen Waschungen des Leichnams eine eigene Räumlichkeit geschaffen, daneben im Freien eine sog. Musella, ein Steintisch für eine Aufbahrung während der Totengebete. Ebenso ist die Bestattung allein im Leichentuch ohne Sarg erlaubt. Auch als Träger des Verstorbenen dürfen Angehörige fungieren, und die Gräber sind nach Mekka ausgerichtet: die Toten ruhen auf der rechten Körperseite, ihr Blick muß dabei in Richtung der Kaaba, des zentralen islamischen Heiligtums in Mekka schauen. [9]

Im Gegensatz zu den anderen Friedhöfen finden sich in Waldhusen keine Grabstätten bekannter Persönlichkeiten, auch keine besonders künstlerisch gestalteten Monumente, sieht man einmal von dem Grabmal für den Dänischburger Gutsbesitzer Wilhelm Eggers ab, der mit seiner Schenkung der stillgelegten Kiesgrube die Anlage dieses Friedhofs erst ermöglicht hat. [2] Dafür kann man umso mehr die landschaftliche Schönheit der ganzen Anlage genießen, die viele nicht zu Unrecht zu einem der schönsten Waldfriedhöfe in Deutschland zählen.

9. Lübecks ehemalige Landgemeinden und ihre Friedhöfe

Ehe wir über diese Friedhöfe im einzelnen berichten, wenigstens ein kurzer Blick auf die recht unterschiedliche Geschichte dieser Stadtteile am Stadtrand. Als Lübeck reichsfrei wurde, hat es sich auch die Gebiete unmittelbar vor den Toren gesichert und mit dem Landgraben abgesichert. Vor allem die Ländereien entlang der Trave waren für die Stadt wichtig, um stets den Zugang zum Meer offen zu halten. Graf Adolf III. hatte zwar schon 1187 einen befestigten Turm an der Flußmündung in ***Travemünde*** errichten lassen, doch Burg und Siedlung wurden der Stadt im Freiheitsbrief von Kaiser Friedrich II. aus dem Jahr 1226 übertragen. Dennoch kann Lübeck erst 1329 Travemünde nach langen Verhandlungen mit den Holsteiner Grafen zu seinem unbestrittenen Besitz zählen. Seitdem regierte dort ein Lübecker Vogt, bis die eigenständige Stadt Travemünde 1913 als Stadtteil eingemeindet wurde. 1229 wird dort erstmals eine Kirche erwähnt, und damit war mit Sicherheit auch ein Kirchhof verbunden.

Anders das Fischerdorf ***Schlutup.*** Es lag noch innerhalb der Landwehr unmittelbar am Schlagbaum ins Mecklenburgische und wurde 1225 erstmals erwähnt. Genau zweihundert Jahre später erscheint eine Notiz über eine neue Kapelle dort, und 1436 wird eine St. Andreaskirche als Parochialkirche dem Kirchspiel St. Jakobi in Lübeck zugeordnet. 1868 wurde der Ort eine selbstverwaltete Landgemeinde des Lübecker Staates, 1912 dann ebenfalls eingemeindet.

Beide Orte waren bis weit in die Neuzeit hinein Fischerdörfer am Ufer der unteren Trave. Beide waren bereits seit dem Mittelalter auch Kirchdörfer, begruben ihre Tote also in der Kirche oder um sie herum auf dem Kirchhof. Und beide Gottesäcker reichten bei wachsenden Ortschaften nicht mehr aus für die zunehmende Zahl der Bestattungen. Also schloß man die Kirchhöfe und legte außerhalb des Ortskerns im 19. Jahrhundert neue Friedhöfe an. Auch die Planung war ähnlich: Lange Reihen von

Grabhügeln nebeneinander entlang schmaler Wege, streng geometrische Strukturen, rechteckige Grabfelder, hier und da ein Brunnen oder eine Sitzbank. Erst spätere Erweiterungen lockerten dieses Bild auf, brachten mehr Grün und auch Baumbewuchs. Aber letztlich blieb es eben ein Ort, in dem Tote neben Toten ruhten.

Das alte Kirchdorf ***Genin*** im Süden der Stadt hat dagegen eine ganz andre Geschichte: Schon wenige Jahre nach der Gründung Lübecks wurde das Dorf 1149 gemeinsam mit anderen in der Nähe vom Sachsenherzog Heinrich dem Löwen dem Lübecker Domkapitel als Ausstattung geschenkt. Diese Dörfer lagen zwar später innerhalb der Landwehr, gehörten aber rechtlich gesehen nicht zur Stadt - bis 1803. Da wurden die vier Kapitelsdörfer im Zuge der Auflösung des alten Deutschen Reiches in städtischen Besitz überführt.

Grundsätzlich gilt: Das Staatsgebiet der freien Reichstadt Lübeck umfaßte zwar weit mehr als das Weichbild der Stadt, doch die meisten Güter und Dorfschaften dort waren in Kirchspiele außerhalb des Stadtstaates eingepfarrt. Einzig die Gotteshäuser in Genin und Schlutup waren Filialkirchen Lübecker Stadtkirchen, Travemünde dagegen wurde schon vor 1235 aus dem Kirchspiel Ratekau heraus zu einem selbständigen Kirchspiel. Deshalb gehören diese drei Friedhöfe auch historisch gesehen in diese Sammlung hinein.

a. Der Geniner Friedhof
Zugang; Niederbüssauer Weg 1; Haltestelle Genin - Linie 7

Spätestens seit 1286 stand hier eine Pfarrkirche für die Dörfer des Domkapitels. Mehrfach wurde sie erneuert, umgebaut und erweitert. Auch wenn man davor ausgehen muß, daß innerhalb von St. Georg ebenfalls Menschen bestattet wurden, so finden sich dort auf Grund der Umgestaltungen weder Reste von Grabplatten noch Epitaphien. Allein der umliegende Kirchhof hat sich seit über 700 Jahren erhalten und dient auch heute noch als Gottesacker der Gemeinde. Umgeben wird er von einer niedrigen Feldsteinmauer.

Wer hier unter den alten Bäumen herumwandert, hat also sieben Jahrhunderte Friedhofsgeschichte unter seinen Füßen, auch wenn die Kirche St. Georg ihre heutige Gestalt erst vor gut 400 Jahren erhalten hat. Vor allem vier Stieleichen östlich der Kirche fallen dabei ins Auge, die stärkste

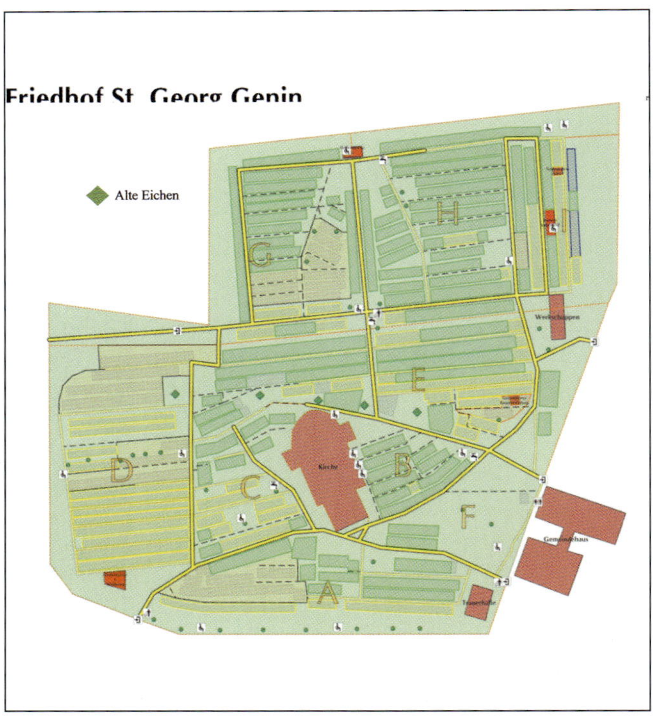

soll laut Inschrift von 1980 einen Umfang von 6,95 Meter haben und damit der dickste Baum Lübecks sein. Eine Angabe aus dem Jahr 2015 spricht sogar von 7,55 m. Um 1700 sollen die vier gepflanzt sein, und einer von ihnen ist Heimat für die Larven des Heldbockkäfers, auch Großer Eichenbock genannt. Diese Art kommt in ganz Schleswig-Holstein nur noch hier vor und steht auch sonst auf der roten Liste vom Ausstreben bedrohter Arten.

Der heutige Friedhof ist zweigeteilt, wie leicht erkennbar ist. Östlich des alten Areals ist eine neuere, regelmäßige Anlage entstanden, deren Mittelpunkt ein hohes Holzkreuz am hinteren Ende ist. Nördlich der Kirche überschattet eine eindrucksvolle Gruppe von Trauerbuchen die

dortigen Gräber, auch sie bereits von beträchtlichem Alter. Bemerkenswert ist eine neugotische Grabstele mit einer Maßwerkeinfassung für den Pastor Johann Friedrich Brandes († 1834).

Man mag darüber streiten, ob eine Familiengrabstätte auf eigenem Grundstück unter die Rubrik „Friedhof“ fällt. So sei zumindest erwähnt, daß auf dem Stadtgut ***Niendorf*** (auch „Weißenrode“ genannt) wenigstens zwei Mitglieder der damaligen adligen Besitzerfamilie von Heintze im dortigen Park „Christinental“ eine Ruhestätte erhalten hatten: Friedrich Adolf von Heintze († 1832) und Josias Baron von Heintze († 1867). Heute hat der Wald diese Gräber zurückerobert: Der Grabhügel ist überwuchert, auf der Gruft Christinental wächst nun eine prachtvolle Winterlinde. Der Gedenkstein für die Familie von Heintze wurde irgendwann entfernt, die noch heute für Niendorf zuständige Kirchengemeinde Genin hat ihm nun einen Platz auf dem dortigen Friedhof gewährt.

b. Der Schlutuper Friedhof
Haupteingang: Wesloer Straße - Haltestelle Brinkweg, Linie 11
Nebeneingang: Am Müllerberg 12 - Haltestelle Beim Meilenstein, Linie 12

Auf hohem Steilhang über der Schlutuper Wiek, einer weitausladenden Bucht der Traveförde, erhebt sich inmitten enggedrängter Fischerhäuser die Kirche von Schlutup. Sie ist dem heiligen Andreas geweiht , der wie sein Bruder Petrus einst als Fischer am See Genezareth lebte, bis ihn Jesus

zum Jünger berief. Wie bei allen mittelalterlichen Kirchen stand auch sie inmitten eines Kirchhofs, der nicht nur als Grabstätte für die Schlutuper diente, sondern auch als Versammlungsort der Dorfschaft. Heute ist die Kirche von einem Rasenfeld umgeben, eingefaßt in eine Backsteinmauer, die sie noch über die Häuser hinaushebt. Eine ganze Reihe der alten Grabmäler hat sich rings um die Kirche erhalten, teils noch gut erhalten, teils auch so verwittert, daß die Inschriften kaum noch zu entziffern sind. Neben ihnen hat auch ein Fischerkahn seine letzte Ruhe gefunden. Er wurde 1965 in Schlutup mit der Bezeichnung „Schlu 2.a“ gebaut, 1986 außer Dienst

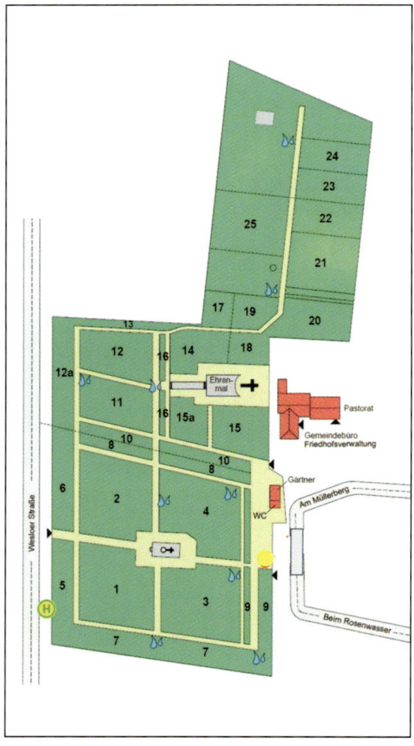

gestellt und danach hier aufgestellt. 2018 erhielt er auch ein schützendes Dach. Im Inneren der Kirche befinden sich drei Epitaphien aus nachreformatorischer Zeit: ein Küster, eine Pfarrfrau und ein Pastor werden mit ihnen geehrt. Außerdem liegen neben zwei Grabplatten im Chor einige Grabfliesen (60 x 60 cm) aus dem 17. und 18. Jahrhundert für Pastoren und Familienangehörige.

Die Bestattungen rund um die Kirche mußten 1896 eingestellt werden, dafür wurde an der Wesloer Straße 50-52 ein neuer Friedhof angelegt. 1906 erhielt er eine eigene Kapelle (Petruskapelle), die 1952 erweitert wurde. Auch der Friedhof selbst wurde zweimal (1950 und 1969) vergrößert und umfaßt nun zwei Hektar. Südöstlich der Kapelle befinden sich noch ehemalige Erbbegräbnisse der Schlutuper Fischerfamilien. Wie alle Friedhöfe, mußte auch der Schlutuper sich auf die ständige Zunahme von Urnengräbern einstellen. So entstanden hier sehr unterschiedliche Angebote für diese Bestattungsform. Neben den üblichen Wahlgräbern wurden unterschiedliche Gemeinschaftsgräber für Särge oder Urnen angelegt. Dabei wurden sie oft unter ein Bibelwort gestellt. Auch anonyme Beisetzungen werden gewünscht. Sie erfolgen allerdings ohne Anwesenheit der Angehörigen. Die Kirchengemeinde als Friedhofseigentümerin hat aber stets darauf geachtet, daß niemand namenlos dort ruht. So wurde in der Mitte des Rasenfeldes ein Rund mit vielen wachsenden Kreisen aus rechteckigen Granitsteinen angelegt, auf denen Schilder mit dem Namen eines der hier Ruhenden befestigt ist. Daneben wurde ein zweites Urnenfeld geschaffen, auf dem

vier Holzstelen aufgestellt sind, deren Form an ein gefiedertes Blatt erinnert. Auch hier werden nach und nach Täfelchen mit den Namen der Verstorbenen angebracht. Ganz neu entsteht gerade eine weitere Anlage auf dem Feld 1 südöstlich der Kapelle, dem ehemaligen Platz der Fischer-

gräber. In Erinnerung an diese Tradition schmückt ein Fischerkahn diese Anlage, zur Seite geneigt auf Dünen- oder Strandsand gebettet. Darum herum sind später Urnengrabstellen vorgesehen.

1940 wurde – nahe der heutigen Friedhofsverwaltung – ein Ehrenhain angelegt, der inzwischen völlig umgestaltet und am 22. November 2009 mit einem ökumenischen Gottesdienst neu eingeweiht worden ist. Aus einer Heldengedenkstätte sollte nach den Vorstellungen der Kirchengemeinde ein Mahnmal gegen Krieg und Gewaltherrschaft werden, was der Lübecker Bildhauer Claus Görtz dann gestalterisch umgesetzt hat. Er hat die Steintafeln mit den Namen der Toten, die vorher an den Rändern rings um eine kreisförmige Pflanzinsel im Zentrum der Anlage gelegen hatten, zwar nicht beseitigt, aber nun in der Mitte wie ein Trümmerfeld aufgeschichtet, um Tod und Zerstörung sichtbar zu machen. So blieb mit den Namen die für die Angehörigen wichtige Erinnerung erhalten, ihr Tod wurde nicht entehrt, jedoch anders gedeutet – als sinnloses Opfer und zugleich als bleibende Mahnung an die Nachgeborenen. Deshalb fügte der

Künstler dieser chaotischen Schichtung eine knieende weibliche Figur hinzu, die als Mutter, Ehefrau oder Schwester die Toten beklagt. Ihre Hände vor das von Schmerz und Verzweiflung geprägte Gesicht geschlagen, steht sie stellvertretend für alle, die hier ihrer Söhne und Ehemänner gedenken.

c. Der Travemünder Friedhof

Zugang: Müllerberg 8, Boelckestr. 3; Haltestelle Müllerberg – Linie 40

Die St. Lorenzkirche war Pfarrkirche nicht nur für den Ort Travemünde, sondern für weitere Dörfer und Höfe ringsum, und damit hatten sie auch Belegungsrechte für den Kirchhof. In ihrer fast 800jährigen Geschichte hat auch diese Kirche mancherlei Umbauten erfahren; ihr heutiges Erscheinungsbild nach einer letzten Brandkatastrophe stammt aus dem 17. Jahrhundert. Auch hier wurden innerhalb der Kirche lange Zeit Bestattungen vorgenommen, die Grabplatten am Boden sind allerdings stark abgetreten, die älteste ist von 1404. An den Wänden sieben Epithaphien, die meisten aus dem 18. Jahrhundert.

Noch immer umgibt die St. Lorenz-Kirche eine weite leere Fläche, auf der bis Mitte des 19. Jahrhunderts die Toten des Pfarrsprengels ihre letzte Ruhe fanden. Heute bedeckt Rasen den alten Kirchhof, auch die umrundende Baumreihe hat sich weitgehend gelichtet. Dennoch finden wir noch einige wenige Erinnerungen an den ehemaligen Gottesacker: ein steinernes Kreuz im Osten, ein eisernes im Süden. Das erste kündet vom Tod „nach wenigen Martherstunden" einer Anna Margaretha Vagler, das zweite wurde für Joachim Christian Grube errichtet. Beide starben 1835 bzw.

1836, gehören also zu den letzten, die hier bestattet wurden. Daneben erzählt eine Marmorsäule vom Tod eines russischen Kapitäns auf hoher See, der ebenfalls 1836 hier seine letzte Ruhe fand.

Denn da wurde schon über eine Neuanlage an anderer Stelle, außerhalb der Stadt, verhandelt, schließlich hatten die beteiligten Dörfer ein Mitspracherecht. Sie wurde als „Totenhof" bereits 1839 angeordnet, als Platz wurde ihr eine Koppel unterhalb der Mühle angewiesen, ein Gelände, das zum Stadtgraben hin abfiel.

Also galt es zunächst, die Koppel zu planieren, dennoch wurden im gleichen Jahr bereits erste Bestattungen vorgenommen. Ursprünglich waren die einzelnen Gräberfelder jeweils einer Dorfgemeinschaft zugewiesen.

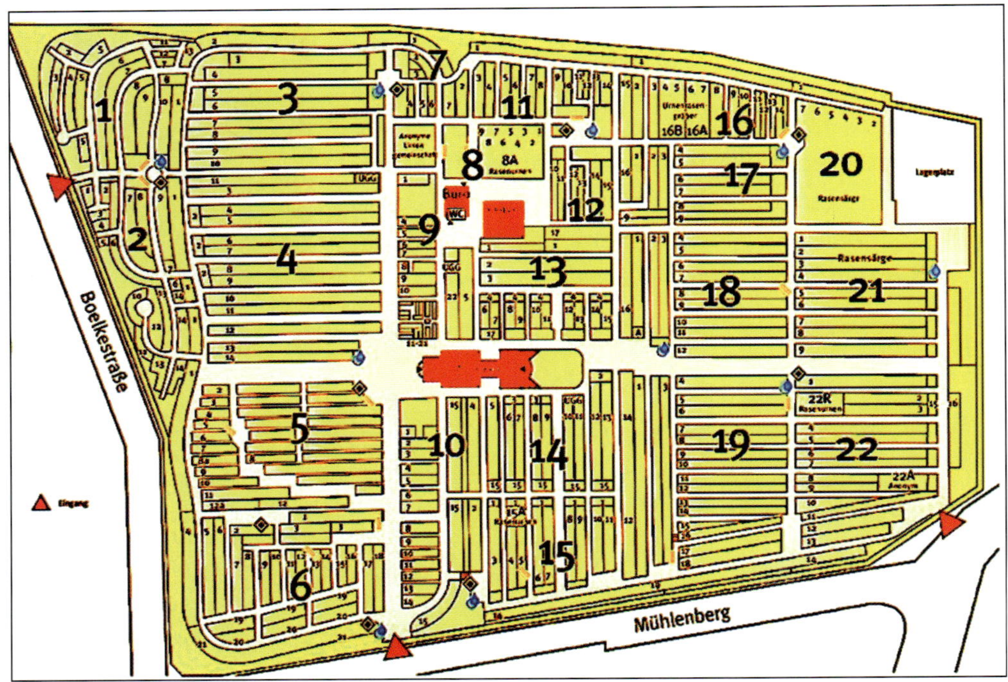

Mehrfach mußte auch das Gelände selbst erweitert werden. So war der Friedhof 1975 zum Bahndamm hin vergrößert worden. Deshalb mußte der Stadtgraben dort endgültig zugeschüttet werden. Heute wird der Friedhof also von Bahntrasse, Boelckestraße und Mühlenberg begrenzt. Im Westen stößt er an die Grundstücke am Gneversdorfer Weg.

Es dauerte noch bis 1911, bis der neue Friedhof auch eine eigene Kapelle einschließlich einer Leichenhalle bekam. Dadurch brauchten keine Leichenzüge mehr von der Kirche zum Friedhof vorgenommen werden, die schließlich auch die Bahngleise überqueren mußten. 1983 wurde die Kapelle um einen Vorbau erweitert, so daß nun fast einhundert Personen

dort einen Platz finden können. Auch die Orgel wurde dabei durch eine neue ersetzt.

Die beiden Hauptwege kreuzen sich rechtwinklig und sind als Linden-Alleen angelegt. Die Kapelle liegt auf der Ost-West-Achse. Buchen und Birken bestimmen den älteren Teil des Friedhofs, der neuere wird durch eine lockere Gehölzpflanzung geprägt. Streng geschnittene Hecken betonen die geometrische Form, sie begrenzen die rechteckigen Felder. Gleich hinter der Kapelle führen Treppen zu diesem tieferliegenden Feld.

Einige wenige Grabsteine stammen noch aus den Anfangsjahren des neuen Friedhofs, als die Bauernfamilien der umliegenden Dörfer eigene Felder für ihre Erbbegräbnisse besaßen: Unmittelbar am Haupteingang vom Mühlenberg her befanden sie die Ruhestätten der Teutendorfer. Er-

halten blieb dort nur ein Grabmal, es gehörte der Familie Ruesch, deren Sohn Walther als erster im Jahre 1886 hier bestattet wurde. Seit dem 17. Jahrhundert besaß diese Familie eine Vollhufe in diesem Dorf, und ihre Besitzer waren in vielen Einrichtungen Travemündes ehrenamtlich tätig.

Östlich davon hatten die Ivendorfer ihre Ruhestätten. Seit 1628 heiratet ein Beuthin in den Hof Schröder ein, das Grabmal von Hinrich Christoph Beytin, gestorben 1865, und seiner Ehefrau Anna Catharina blieb erhalten. Er wurde zum Vorsteher des St. Jürgen-Siechenhauses berufen, das bereits seit Ende des 13. Jahrhunderts für die Kranken im Travemünder Winkel gestiftet worden war und bis 1969 an der Siechenbucht stand. Neben der

Kapelle stehen noch einige Grabmale der Familie Nau , die mindestens seit 1610 in Gneversdorf nachgewiesen ist und deren Mitglieder dort mehrfach zu Bauernvögten oder Dorfvorstehern bestellt wurden. Eine schöne Stele hat man auch den Gneversdorfer Familien Gerdts und Düvel, gesetzt.

Acht Gräber finden sich im Südosten auf dem Travemünder Friedhof, in denen Häftlinge und Zwangsarbeiter beigesetzt wurden. Sie sind als Kriegsgräber geschützt und werden vom Volksbund Deutscher Kriegsgräberfürsorge betreut. Erwähnenswert sind auch einige Plastiken auf dem Travemünder Friedhof: Unter der Terrasse am hinteren Giebel der Kapelle kniet das Blumenmädchen, ein Bronzeguß, der dem Friedhof nach Auflösung des Grabes Greifenhagen überlassen wurde.

Aus Marmor dagegen ist eine nicht ganz exakte Nachbildung auf der Grabstätte für den Landwirt Heinrich Meyer. Auch die Madonna unter dem Bogen des Grabes Johanna und Joseph Köhler ist offenbar eine Serienanfertigung, während die Büste auf dem sehr versteckten Grab Valentin eine Arbeit des Bildhauers Bernd Hartmann ist, gearbeitet als Porträt der dort beigesetzten Ehefrau.

JOHANNA
KÖHLER
*15.7.1930
+7.2.2021
JOSEPH HEINRICH
KÖHLER
*5.12.1918
+17.6.1996

Bedeutende Persönlichkeiten, die Lübecks Friedhöfe mitgestaltet haben

Barth, Erwin
(* 28. November 1880 in Lübeck; † 10. Juli 1933 in Berlin), Gartenarchitekt, Gartendirektor von Charlottenburg, Honorarprofessor an der Technischen Hochschule Berlin, Professor an der Landwirtschaftlichen Hochschule Berlin. Vertreter der Volksparkbewegung (Schaffung von grünen Stadträumen für die Arbeiterschaft). In Lübeck 1908 bis 1911 Stadtgärtner. Entwarf die Pläne für den Vorwerker und den Waldhusener Friedhof, außerdem den Marlipark.

Behn, Fritz
(* 16. Juni 1878 in Klein Grabow; † 26. Januar 1970 in München), Bildhauer, gestaltete vor allem afrikanische Tierplastik (mehrere davon auch in Lübeck) Für den Ehrenfriedhof schuf er 1919 die Plastik „Sterbender Krieger" zur Erinnerung an seinen Schwager Dr. Hans Küstermann.

Börm, Heinrich Nikolaus
(* 18. Juli 1780 in Hattstedt; † 16. Oktober 1831 in Lüneburg), Baumeister und Ingenieur. Von 1820 bis zu seinem Tod Stadtbaumeister von Lübeck. Plante den Burgtorfriedhof. Errichtete auch die Reformierte Kirche in der Königstraße.

Gebhard-Linke, Walli
(* 1920 in Lübeck, † 2001 in Roding), Bildhauerin, schuf u.a. mehrere Plastiken als Kunst am Bau für Lübecker Schulen. Auf dem Vorwerker Friedhof steht ihr Grabmal für die DRK-Schwesternschaft.

Görtz, Claus
(* 1963 in Neumünster), Lübecker Bildhauer, gestaltete das Schlutuper Ehrenmal neu

Hartmann, Bernd

(* 1905 Wiedenbrück, † 1956 Wiedebrück), Bildhauer; Büste auf dem Grabmal Valentin, Travemünde

Homuth, Werner

(* 23. März 1934 in Lübeck; † 10. September 2008 in Bad Segeberg), Baugestalter, Bildhauer und Grafiker, entwarf die Intarsienfenster an Kapelle 2 des Waldhusener Friedhofs

Jahn, Walter

(* 1903 in Lübeck; † 1965 in Lübeck), Bildhauer. Auf dem Vorwerker Friedhof von ihm: ein Mahnmal, ein Sgraffito (Gedenkstätte für Opfer von Krieg und Gewalt).

Kolbe, Georg

(* 15. April 1877 in Waldheim, Sachsen; † 20. November 1947 in Berlin), Bildhauer. Vorwerker Friedhof: Grabmal der Lübeckischen DRK-Schwesternschaft, 1939.

Krautwald, Joseph

(* 7. März 1914 in Borkendorf, Schlesien; † 13. Januar 2003 in Rheine), Bildhauer. Schuf 1920 die Statue „Die Mutter“ auf dem Ehrenfriedhof

Kuöhl, Richard

(* 31. Mai 1880 in Meißen; † 19. Mai 1961 in Rohlfshagen bei Bad Oldesloe), Bildhauer. Ehrenfriedhof: 1924 Denkmal „Helm ab zum Gebet“ für die Opfer des Inf.Reg.162 im 1. Weltkrieg.

Maasz, Harry

(* 5. Januar 1880 in Cloppenburg; † 24. August 1946 in Lübeck), Gartenarchitekt und Gartenbauschriftsteller. 1912 Nachfolger von Erwin Barth als Leiter des Lübecker Gartenamts, 1922 selbständig mit einem „Atelier für Gartengestaltung“ in Lübeck. Plante den Ehrenfriedhof sowie die Erweiterung des Vorwerker Friedhofs. Ehrengrab auf dem Ehrenfriedhof.

Mühlenpfordt, Carl

(* 12. Februar 1878 in Blankenburg am Harz; † 19. Januar 1944 in Lübeck), Architekt, Vertreter der Reformarchitektur. August 1907 Bauinspektor, 1910 bis 1914 Baurat in Lübeck. Errichtete 1907 - 1909 Leichenhalle, Kapelle 1 und das Krematorium auf dem Vorwerker Friedhof.

Pagels, Hermann Joachim Heinrich

(* 11. September 1876 in Lübeck; † 1. Juli 1959 in Berlin), Bildhauer. Schuf 1921 die plastischen Figuren am Grabmal von Emil Possehl auf dem Burgtorfriedhof.

Piedbof, Lambert Joseph

(* 3. Februar 1863 in Aachen; † 29. November 1950 in Bad Reichenhall), Bildhauer, befaßte sich vor mit religiösen Themen. Schuf die Christusstatue für die Grabstätte Schultze auf dem Burgtorfriedhof.

Pieper, Hans Wilhelm

(* 9. April 1882 in Landsberg/Warthe; † 23. März 1946 in Lübeck) Architekt, Denkmalpfleger und Baubeamter, Stadtbaudirektor und oberster Denkmalpfleger in Lübeck. Entwarf die Anlage für die Opfer des 2. Weltkriegs auf dem Ehrenfriedhof.

Vom gleichen Verfasser: Drei Bücher über Lübeck:

Eckhard Lange: Lübeck ganz in Grün – ein Wegbegleiter durch 50 Parks und Grünanlagen

Taschenbuch: ISBN 978 3795 052621 (128 S., € 12,90)

Es soll kein botanisches Fachbuch sein, sondern ein „grüner“ Wanderführer für Naturfreunde und Erholungssuchende mit zahlreichen Bildern von manchem Kunstwerk, das dort anzutreffen ist. Aber auch die oft reizvolle Geschichte dieser grünen Oasen wird erzählt.

Eckhard Lange: Lübeck ausgeplaudert

Taschenbuch: ISBN: 978-3-7541-166 (268 Seiten, € 9.99)
ebook: ISBN: 978-3-7531-89666 (273 Seiten, € 3,99)

Geschichte will erzählt sein, wenn sie lebendig werden soll. Nüchterne Zahlen, bloße Fakten – das würde uns diese Stadt nicht näherbringen. Also werden hier die fast neunhundert Jahre, die Lübeck nun schon auf dem Buckel hat, im Plauderton aus der Vergangenheit geholt.

Eckhard Lange: Die Faehlings, eine Lübecker Familie. Roman einer mittelalterlichen Stadt

Taschenbuch: ISBN 978-3-748512-87-5 (782 Seiten, € 18,99)
ebook: ISBN 978-3-7380-8204-3 (577 Seiten, € 5,49)

Vier Jahrhunderte Stadtgeschichte hat die Familie Faehling mitgestaltet oder auch mitdurchlitten. Auch wenn es sie nie wirklich gegeben hat: Sie macht die Vergangenheit lebendig. All die Menschen aber, die ihnen dabei begegnen – sie haben wirklich gelebt.